Los fundamentos del idioma chino

—

escritura y pronunciación

Discovery Publisher

Título original: *Chinese Without Tears for Beginners*
©2014, Discovery Publisher
All rights reserved

Para la edición española:
2015, 1º edición, ©Discovery Publisher
2022, 2º edición, ©Discovery Publisher
Todos los derechos están reservados.

Autor : Brian Stewart
Translator : Juan Basille

616 Corporate Way
Valley Cottage, New York
www.discoverypublisher.com
editors@discoverypublisher.com
Orgulloso de no estar en Facebook o Twitter

New York • Paris • Dublin • Tokyo • Hong Kong

PREFACIO

Los fundamentos del idioma chino, escritura y pronunciación es un atajo para aprender el idioma chino escrito. No es un libro de texto, ni siquiera un libro de frases convencional. Su propósito principal es el de ayudar a los occidentales a disfrutar el aprendizaje del "lenguaje por señas" chino, el que se ha estado desarrollando por más de 4,000 años. Hasta mediados del siglo veinte era un lenguaje conocido solo a una minoría de la gente china. Muy pocos extranjeros, a menos que hayan sido estudiantes muy dedicados, han tenido el coraje, la perseverancia y la determinación de emprender el estudio de este lenguaje.

La mayoría de los estudiantes extranjeros que aprenden la escritura china al presente, se enfrentan a oraciones y conceptos que no son apropiados para principiantes. Los maestros tratan de ensenar la escritura y el habla al mismo tiempo.

La idea de escribir este libro fue concebida hace más de sesenta años cuando estaba estudiando el idioma chino en Macao. Ya que mi primer maestro solo hablaba el chino, me vi forzado a aprender como lo hacen los niños en la China: a través de la repetición infinita. El método usado de las 3 'P' (Practica, Practica y mas Practica) era una buena manera de aprender la caligrafía china pero no la mejor manera de aprender para un adulto. Hoy hay muchos libros acerca de este tema, pero ninguno de los que conozco propone un aproche que ayude a un principiante entusiástico a experimentar una entrada fácil y con mínimo esfuerzo a los placeres de la escritura china.

A medida que avanzaba in mis estudios chinos, continúe descubriendo una cantidad de explicaciones y consejos que hubieran hecho mis estudios mucho más fáciles. Aquel conocimiento adquirido a duras penas en mis años de estudio constituye la base de este libro. Espero que aquellos que usen este libro disfruten del mismo placer en el aprendizaje de este venerable lenguaje como lo han hecho los miembros de mi familia por los últimos cincuenta años.

He puesto mis teorías a prueba a menudo así es que estoy seguro que estos métodos funcionan. Mi hija Fiona, que sufre de síndrome de Down, aprendió 150 palabras de la escritura china más rápido de lo que le tomó aprender nuestro abecedario.

Me propongo demostrar que aunque toma un largo tiempo para dominar la escritura china, se pueden entender los fundamentos de ésta en unas pocas horas de estudio. Este conocimiento permitirá al viajero en la China o a aquellos visitando una comunidad china de ultramar tener al menos una comprensión parcial de la escritura china.

Aunque este no es un libro de texto, tiene un número de pruebas y exámenes que permitirán al lector repasar y comprobar su progreso. Una versión académica más completa proseguirá, pero este libro tiene un propósito completamente diferente. Este libro no pretende ser un estudio académico, pero la introducción a uno de los lenguajes más fascinantes del mundo.

Brian Stewart

Tabla de Contenidos

虫 ⇨ 蛇

中文

用

考

凵 刀 力
士 夂 夂
己 巾 干

Lista de tablas

Antes de Empezar...

Antes de comenzar, sería apropiado para obtener:

▪ 168 tarjetas en blanco con o sin un índice, el tamaño de 8x15 cm (uno para cada carácter chino)

▪ Una pluma

▪ Un diccionario español-chino

Definición	Uno/una, solo, un (articulo), tan pronto como, entera, todo
La evolución del carácter	
El orden de los trazo	
Chino proverbio	一见钟情

EL IDIOMA CHINO SIN PROBLEMAS

Probablemente ya conoces estos tres caracteres chinos:

- Uno   一
- Dos   二
- Tres   三

El numero « diez » 十 también es fácil de recordar. Tiene la forma de una cruz. Proviene de una marca que se usaba en el comercio para apuntar diez objetos contados.

Es importante comenzar la práctica de estos caracteres tan pronto come sea posible. Lo ideal seria utilizar un pincel de caligrafía, lo que ayudaría a recordar el orden y la dirección de los trazos de la escritura. Un pincel de caligrafía y la tinta no son caros, y la práctica es considerada un arte en la China. Pero lo que sea que se use, se debe practicar la escritura.

El primer trazo en la mayoría de los caracteres de la escritura china, se escribe desde la esquina superior izquierda (del carácter) hacia la derecha o hacia abajo:

- Uno   一   dirección del trazo   ···→
- Dos   二   dirección del trazo   ···→   ···→
- Tres   三   dirección del trazo   ···→   ···→   ···→
- Diez   十   dirección del trazo   ···→   ⋮

Hay pocas excepciones a esta regla, pero ningún carácter se escribe empezando por la esquina inferior derecha (del carácter). En las siguientes lecciones se demostrara como escribir los nuevos car-

acteres aprendidos y se ofrecerán oportunidades para la practica.
En el cuadro siguiente, se puede ver y practicar la composición
de los caracteres, así come sus significados.

**A este punto no es necesario preocuparse de la pronunciación
o el sonido de estos caracteres,** los que serán discutidos en capí-
tulos siguientes. De momento, el interés principal es la estructura
de los caracteres[1].

¡Prueba escribir estos caracteres!

#	Aprende a escribir tus 4 primeros caracteres chinos									
1	一									
2	二	二								
3	三	三	三							
4	十	十	十							
1										
2										
3										
10	十									

LISTA DE CARACTERES CHINOS Nº 1 AL Nº 27

INTRODUCCIÓN

Los caracteres en esta lista constituyen los pilares de una sólida fundación en la que se basaran las lecciones subsiguientes de este libro. Para comenzar, aprenderemos caracteres que tienen estructuras similares.

#	CARÁCTER	SIGNIFICADO	DESCRIPCIÓN Y EXPLICACIÓN
5	人	Hombre/ persona / gente	Contorno de una persona con dos piernas, como un bosquejo del cuerpo humano
6	个	Individuo / este / ese / tamaño / Auxiliar para gente, o objetos en general	Pictograma de una hoja de bamboo, o de una unidad 1 (t: 個)
7	大	Grande / Inmenso / gran / mayor / enorme / ancho / profundo / mas viejo / mas antiguo	Una persona con los brazos extendidos
8	太	El mas alto / el mas grande / demasiado / muy / extremadamente	Grande 大 (carácter Nº 7) con un extra trazo denotando énfasis
9	天	Día / cielo / firmamento	El cielo es lo mas grande que una persona (carácter Nº 7) puede ver
10	从	Desde / seguir / vía / de paso / a través / pasado / siempre	Una persona siguiendo a la otra (t: 從)
11	内	Adentro / interior / interno / dentro	Una persona dentro de un espacio

#	CARÁCTER	SIGNIFICADO	DESCRIPCIÓN Y EXPLICACIÓN
12	肉	Carne / pulpa (de una fruta)	Un cadáver cortado a lo largo
13	土	Tierra / polvo / barro / local / indígena / sencillo	Una planta brotando a través del suelo
14	坐	Sentarse / tomar asiento / tomar (un autobús, aeroplano, etc.)	Dos personas sentadas en el suelo
15	广	extenso / numeroso / extender	La mitad de una habitación grande; un refugio (t: 廣)
16	座	Asiento / base / soporte	Dos personas sentadas en una habitación (caracteres Nº 14 y Nº 15)
17	占	Tomar posesión de / ocupar / constituir / hacer / explicar	Una palabra saliendo de la boca; estar de pie
18	点	Gota (de liquido) / punto / en punto / un poco / pedir / auxiliar para cantidades pequeñas e indeterminadas	Un objeto "de pie" (carácter Nº 17) sobre el fuego, por lo tanto reduciéndose en tamaño o dividiéndose en varias partes (t: 點)
19	店	Taberna / tienda / almacén	Estar de pie (carácter Nº 17) debajo de un refugio (carácter Nº 15)
20	床	Cama / sofá / auxiliar para camas	Madera (carácter Nº 28) bajo un refugio (carácter Nº 15) que se usa para hacer una cama
21	去	Ir / remover / acabar de terminar o ocurrir	Una persona (carácter Nº 5 modificado) saliendo de un pozo (carácter modificado), representando movimiento

#	CARÁCTER	SIGNIFICADO	DESCRIPCIÓN Y EXPLICACIÓN
22	在	Estar en / presencia / existir / haciendo algo	Pictograma de una planta brotando a través del suelo (carácter Nº 13)
23	王	Rey / el mejor o mas fuerte de su tipo / grande / magnifico	Una línea trazada sobre la tierra (carácter Nº 13); un terrateniente en su territorio; un rey
24	主	Dueño o amo / anfitrión / primario	Pictograma de un rey (carácter Nº 23) con una flama de fuego
25	住	Vivir / habitar / estar / residir / detenerse	Una persona –inmóvil– como un terrateniente (carácter Nº 24); quedarse
26	国	País / nación / estado / nacional	Una región rodeada (t: 國); ahora "jade" (riquezas) dentro de un espacio cercado
27	因	Causa / razón / porque	Una persona y sus alrededores; una cerca, muralla o los limites de una nación (esta es una raíz de muchos caracteres chinos que estudiaremos luego) y una persona dentro

Tabla 1 : Lista de caracteres chinos del Nº 1 al Nº 27

ORDEN DE LOS TRAZOS EN ESTOS CARACTERES CHINOS

Se debe practicar como escribir estos 27 primeros caracteres chinos que hemos estudiado. La tabla siguiente muestra el orden y la dirección de los trazos de cada uno de los caracteres en la lección 1. Baja las paginas de pruebas de discoverypublisher.com y practícalos ahora. **Esta práctica es muy importante.**

Las animaciones de estos caracteres ayudaran a escribir los caracteres como están representados en la tabla siguiente.

人	丿	人					
个	人	个					

大	一	ナ	大				
太	大	太					
天	一	二	于	天			
从	丿	人	从	从			
内	丨	冂	内	内			
肉	内	肉	肉	肉			
土	一	十	土				
坐	丿	人	从	丛	坐	坐	
广	、	亠	广				
座	广	座					
占	丨	卜	占	占	占		
点	占	卢	点	点	点		
店	广	店					
床	广	庐	庄	床	床		
去	士	去	去				
在	一	ナ	才	在			
王	一	二	干	王			
主	、	主					
住	丿	亻	住				
国	丨	冂	国	国	国		

囚	冂	冈	囚							
一	一									
二	一	二								
三	一	二	三							
十	一	十								

Si tienes un amigo chino que pueda corregir tu trabajo seria una gran ayuda, pero aun si no lo tienes, pero los practicas poniendo atención los puedes aprender muy bien y pronto.

Cuanto mas a menudo los practiques, mejor será tu caligrafía.

Te sugerimos que escribas cada carácter en este libro en tarjetas (o puedes bajar la serie completa de tarjetas de discoverypublisher.com); con los caracteres en un lado de la tarjeta y el significado en el otro. De esta manera comenzaras a crear tu propio diccionario chino con aquellos caracteres que vas aprendiendo. Este método es usado por la mayoría de los estudiantes del idioma chino y es muy efectivo. Tiene la ventaja que las tarjetas se pueden organizar en cualquier orden que sea necesario para la practica y el repaso y se pueden llevar en el bolsillo.

Ejemplo de la tarjeta del carácter 中 (carácter N°151)

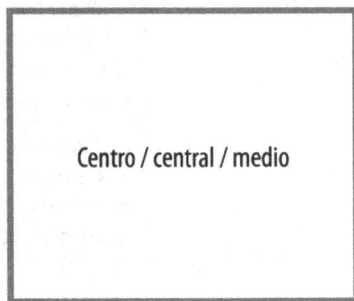

中

Centro / central / medio

Se sugiere el uso de tarjetas hechas de cartulina lo suficientemente grandes como para poder escribir amplias notas[1].

1. Técnicas de memorización ("memoria tecnica"): no es necesario que el estudiante se adhiera rigurosamente a los comentarios en la columna 4 de la tabla ("Descripción y explicaciones"). Otras técnicas también pueden ser beneficiosas; y no importa si la "memoria técnica" haya sido aprobada por los catedráticos o no. Lo que es importante es que cada unidad estudiada se aprenda y recuerde bien.

Aquellos estudiantes que quieren ser los mejores pueden competir con el Padre Matteo Ricci, el misionero jesuita a la China del siglo 18, quien sorprendía a los Mandarines con su conocimiento enciclopédico y los trucos de memorización que utilizaba. (Ricci podía recitar un poema en chino después de haberlo leido solo una vez).

Nosotros, meros mortales, solo podemos aspirar a retener unos miles de caracteres en nuestra "caja de memoria". Es un interesante hobby para el resto de la vida, el que puede proveer al menos tanta satisfacción como la que proveen los crucigramas.

LECCIÓN 1 : TEST 1

En la tabla siguiente, sin mirar a la lección estudiada, escribe cada uno de los caracteres de acuerdo a su significado.

#	CARÁCTER	SIGNIFICADO	DESCRIPCIÓN Y EXPLICACIÓN
5		Hombre/ persona / gente	Contorno de una persona con dos piernas, como un bosquejo del cuerpo humano
6		Individuo / este / ese / tamaño / Auxiliar para gente, o objetos en general	Pictograma de una hoja de bamboo, o de una unidad 1 (t: 個)
7		Grande / Inmenso / gran / mayor / enorme / ancho / profundo / mas viejo / mas antiguo	Una persona con los brazos extendidos
8		El mas alto / el mas grande / demasiado / muy / extremadamente	Grande 大 (carácter Nº 7) con un extra trazo denotando énfasis

#	CARÁCTER	SIGNIFICADO	DESCRIPCIÓN Y EXPLICACIÓN
9		Día / cielo / firmamento	El cielo es lo mas grande que una persona (carácter Nº 7) puede ver
10		Desde / seguir / vía / de paso / a través / pasado / siempre	Una persona siguiendo a la otra (t: 從)
11		Adentro / interior / interno / dentro	Una persona dentro de un espacio
12		Carne / pulpa (de una fruta)	Un cadáver cortado a lo largo
13		Tierra / polvo / barro / local / indígena / sencillo	Una planta brotando a través del suelo
14		Sentarse / tomar asiento / tomar (un autobús, aeroplano, etc.)	Dos personas sentadas en el suelo
15		extenso / numeroso / extender	La mitad de una habitación grande; un refugio (t: 廣)
16		Asiento / base / soporte	Dos personas sentadas en una habitación (caracteres Nº 14 y Nº 15)
17		Tomar posesión de / ocupar / constituir / hacer / explicar	Una palabra saliendo de la boca; estar de pie

#	CARÁCTER	SIGNIFICADO	DESCRIPCIÓN Y EXPLICACIÓN
18		Gota (de liquido) / punto / en punto / un poco / pedir / auxiliar para cantidades pequeñas e indeterminadas	Un objeto "de pie" (carácter Nº 17) sobre el fuego, por lo tanto reduciéndose en tamaño o dividiéndose en varias partes (t: 點)
19		Taberna / tienda / almacén	Estar de pie (carácter Nº 17) debajo de un refugio (carácter Nº 15)
20		Cama / sofá / auxiliar para camas	Madera (carácter Nº 28) bajo un refugio (carácter Nº 15) que se usa para hacer una cama
21		Ir / remover / acabar de terminar o ocurrir	Una persona (carácter Nº 5 modificado) saliendo de un pozo (carácter modificado), representando movimiento
22		Estar en / presencia / existir / haciendo algo	Pictograma de una planta brotando a través del suelo (carácter Nº 13)
23		Rey / el mejor o mas fuerte de su tipo / grande / magnifico	Una línea trazada sobre la tierra (carácter Nº 13); un terrateniente en su territorio; un rey
24		Dueño o amo / anfitrión / primario	Pictograma de un rey (carácter Nº 23) con una flama de fuego
25		Vivir / habitar / estar / residir / detenerse	Una persona —inmóvil- como un terrateniente (carácter Nº 24); quedarse
26		País / nación / estado / nacional	Una región rodeada (t: 國); ahora "jade" (riquezas) dentro de un espacio cercado

#	CARÁCTER	SIGNIFICADO	DESCRIPCIÓN Y EXPLICACIÓN
27		Causa / razón / porque	Una persona y sus alrededores; una cerca, muralla o los limites de una nación (esta es una raíz de muchos caracteres chinos que estudiaremos luego) y una persona dentro

LECCIÓN 1 : TEST 2

En la tabla siguiente, sin mirar a la lección estudiada, escribe el significado de cada carácter chino dado.

#	CARÁCTER	SIGNIFICADO	DESCRIPCIÓN Y EXPLICACIÓN
5	人		Contorno de una persona con dos piernas, como un bosquejo del cuerpo humano
6	个		Pictograma de una hoja de bamboo, o de una unidad 1 (t: 個)
7	大		Una persona con los brazos extendidos
8	太		Grande 大 (carácter Nº 7) con un extra trazo denotando énfasis
9	天		El cielo es lo mas grande que una persona (carácter Nº 7) puede ver

#	CARÁCTER	SIGNIFICADO	DESCRIPCIÓN Y EXPLICACIÓN
10	从		Una persona siguiendo a la otra (t: 從)
11	内		Una persona dentro de un espacio
12	肉		Un cadáver cortado a lo largo
13	土		Una planta brotando a través del suelo
14	坐		Dos personas sentadas en el suelo
15	广		La mitad de una habitación grande; un refugio (t: 廣)
16	座		Dos personas sentadas en una habitación (caracteres Nº 14 y Nº 15)
17	占		Una palabra saliendo de la boca; estar de pie
18	点		Un objeto "de pie" (carácter Nº 17) sobre el fuego, por lo tanto reduciéndose en tamaño o dividiéndose en varias partes (t: 點)

#	CARÁCTER	SIGNIFICADO	DESCRIPCIÓN Y EXPLICACIÓN
19	店		Estar de pie (carácter Nº 17) debajo de un refugio (carácter Nº 15)
20	床		Madera (carácter Nº 28) bajo un refugio (carácter Nº 15) que se usa para hacer una cama
21	去		Una persona (carácter Nº 5 modificado) saliendo de un pozo (carácter modificado), representando movimiento
22	在		Pictograma de una planta brotando a través del suelo (carácter Nº 13)
23	王		Una línea trazada sobre la tierra (carácter Nº 13); un terrateniente en su territorio; un rey
24	主		Pictograma de un rey (carácter Nº 23) con una flama de fuego
25	住		Una persona –inmóvil– como un terrateniente (carácter Nº 24); quedarse
26	国		Una región rodeada (t: 國); ahora "jade" (riquezas) dentro de un espacio cercado
27	因		Una persona y sus alrededores; una cerca, muralla o los limites de una nación (esta es una raíz de muchos caracteres chinos que estudiaremos luego) y una persona dentro

COMO ESCRIBIR LOS CARACTERES CHINOS

Como ya hemos tenido nuestro primer contacto con caracteres chinos, veamos cuales son las reglas básicas de cómo escribir estos caracteres.

TIPOS DE TRAZOS

Los trazos están clasificados tradicionalmente en 8 formas básicas, cada una de las cuales se puede ver en el carácter "eternamente" 永. Aquí les damos su nombre contemporáneo:

1 Punto (点)
2 Trazo horizontal de izquierda a derecha (横)
3 Trazo vertical de arriba hacia abajo (竖)
4 Gancho que se apega a otros caracteres (钩)
5 Trazo diagonal elevándose de izquierda a
   derecha (提)
6 Trazo diagonal descendiendo de derecha a
   izquierda (撇)
7 Trazo diagonal corto descendiendo de
   derecha a izquierda (短撇)
8 Trazo "horizontal" descendiendo de izquierda a
   derecha (捺)

La escritura de estos trazos básicos a veces se realiza sin levantar la pluma del papel. En el ejemplo dado, los trazos 2, 3 y 4 se escriben como si fuera un trazo contiguo, lo mismo que en el caso de 5 y 6. Por lo tanto en diccionarios este carácter se clasifica como si tuviera 5 trazos.

EL ORDEN DE LOS TRAZOS

Escribir los trazos de un carácter en el orden correcto es esencial para que el carácter sea correcto. Hay dos reglas básicas:

1 De arriba hacia abajo

2 De izquierda a derecha

En muchas ocasiones estas reglas entran en conflicto cuando el trazo siguiente va debajo y a la izquierda del anterior. Las siguientes reglas adicionales tratan de resolver estos conflictos.

3 Un trazo vertical a la izquierda (usualmente) se escribe antes de un trazo horizontal superior

4 Un trazo horizontal inferior se escribe ultimo

5 Un trazo central se escribe antes que los laterales

6 Trazos horizontales se escriben antes que trazos verticales que los intercepten

7 Trazos descendiendo hacia la izquierda se escriben antes que los trazos descendiendo hacia la derecha

Esta regla final a veces contradice las anteriores:

8 Los trazos más pequeños o cortos (usualmente) se escriben al final

ORDEN DE LOS COMPONENTES

La mayoría de los caracteres chinos son combinaciones de caracteres más simples, así llamados componentes. Generalmente, estos componentes están alineados de arriba abajo, o de izquierda a derecha, así es que las dos reglas básicas del orden de los trazos se aplican sin ningún problema.

Sin embargo, a veces estas reglas no se pueden aplicar con los componentes. En algunos casos en que uno de los componentes este abajo y al lado izquierdo y el otro este arriba y al lado derecho, el componente de arriba se escribe primero.

Cuando hay varios componentes los superiores o de arriba se escriben primero.

De acuerdo con estas mismas reglas, cada componente debe escribirse en su totalidad, antes de empezar a escribir el componente siguiente. Hay excepciones a esto, por ejemplo, cuando uno de los componentes divide al otro, o lo rodea, o los vestigios del componente original ya no pueden reconocerse en la escritura moderna.

Después de practicar los caracteres en las primeras lecciones estos conceptos serán mucho más fáciles de recordar y aplicar.

CHINO PRÁCTICO

Ya has aprendido 2 caracteres de los 3 que se han dado. Trata de adivinar que es lo que se está anunciando: la celebración de un coche nuevo, de una nueva canción o de un gran hotel?

Ya has aprendido 1 carácter de los 2 que se han subrayado: ¿Es la inauguración un evento de orden nacional?

De acuerdo a los 2 caracteres seleccionados: ¿Es esta revista de las finanzas y de la economía famosa?

Definición	Dos, segundo, diferente, binario
La evolución del carácter	
El orden de los trazo	
Chino proverbio	二三其德

COMO SE FORMAN LOS CARACTERES CHINOS

Veamos como se forman diferentes clases de caracteres chinos, tales como "pictogramas", "ideogramas", "combinaciones" y "raíces". A veces la raíz esta por si sola, otras es uno de los elementos en el carácter, combinando diferentes elementos.

PICTOGRAMAS

Originariamente, los pictogramas fueron como bosquejos o dibujos simplificados de lo que representaban, pero han cambiado a través de los años. Algunos de los pictogramas no necesitan demasiada explicación, tales como "grande" (carácter N°7 «大» página 10); "seguir" (carácter N°10 «从» página 10); "madera" (carácter N°28 «木» página 41); "boca, abertura" (carácter N°45 «口» página 36); "y persona" (carácter N°5 «人» página 10).

大	从	木	口	人
Carácter N°7	Carácter N°10	Carácter N°28	Carácter N°45	Carácter N°5
Ejemplos de pictogramas				

Sin embargo, y desafortunadamente para los estudiantes, hoy pocos pictogramas conservan su forma original.

IDEOGRAMAS

Los ideogramas, por su parte, sugieren o representan una idea o concepto en vez de ilustrar una imagen. Un ejemplo, uno que ya se ha estudiado en la lección 1, es el carácter 从, "seguir", y que es un pictograma y un ideograma a la vez. Este representa dos personas 人 (carácter N°10 «人» página 10) una detrás de la otra.

Otro ejemplo es 国, pays (carácter Nº26 «国» página 12). Este combina dos elementos; 囗 un perímetro o frontera (véase el radical «囗» página 161 y 玉, que significa jade.

COMBINACIONES

Estas combinan elementos para componer un pictograma o un ideograma. Por ejemplo, 森 selva (carácter #30 «森» página 34), no es un pictograma que representa tres árboles pero un ideograma representando una selva o monte. 休 descansar (carácter #31 «休» página 34) combina dos pictogramas 人 persona (carácter #5 «人» página 10) y 木 árbol (carácter #28 «本» página 34), representando una persona que descansa apoyada en un árbol.

住	相	休	森	和
Carácter Nº25	Carácter Nº34	Carácter Nº31	Carácter Nº30	Carácter Nº48
Ejemplos de combinaciones de elementos que forman caracteres chinos				

RAÍCES

El termino 'raíces' es comúnmente utilizado para referirse al encabezamiento de las secciones de un diccionario del idioma chino (部首, bù shǒu), los que también se conocen como claves o denominadores. Estos se usan para catalogar y clasificar los caracteres en los diccionarios chinos. El sistema de clasificación depende en estas raíces o claves a través de los siglos, desde el diccionario Shuōwén Jiézì (un diccionario chino perteneciente a la dinastía Han y que data del segundo siglo de la era Cristiana) hasta los diccionarios modernos.

La raíz puede ser autónoma, como por ejemplo en 人, una per-

sona (carácter Nº5 «人» página 10) o puede estar combinada.
Cuando la raíz esta combinada, usualmente aparece en el lado izquierdo del carácter, tal como en 休, descansar (carácter Nº31 «
休» página 34). A veces la raíz se halla por arriba o por debajo
del carácter, pero casi nunca en el lado derecho de este.

住	相	休	森	和
Carácter Nº25	Carácter Nº34	Carácter Nº31	Carácter Nº30	Carácter Nº48
El área gris muestra la raíz del carácter				

En el diccionario Kang Xi del siglo dieciocho se identifican 214
raíces. Estas raíces, cuando se usan en una combinación, generalmente ofrecen una indicación del significado general del carácter.
Por lo tanto, las raíces pueden ayudar a recordar o 'adivinar' el significado general de los caracteres. Unos de las raíces más comúnmente usadas es la que coloquialmente se llama "tres-rayas-agua" o
氵. "Tres-rayas-agua" es la forma taquigráfica del carácter de agua
水. Si la raíz "tres-rayas-agua" se encuentra a la izquierda de un
carácter, este es un signo seguro que el significado del carácter esta
relacionado a algún líquido. Los caracteres de "mar" 海, "lago" 湖,
"río" 河, "aceite" 油, y "alcohol" 酒, todos tienen "tres-rayas-agua"
como raíz. El diccionario Kang Xi tiene una lista de 47,035 caracteres
divididos entre las 214 raíces. Hay siete raíces que se encuentran en
más de 1,000 caracteres cada una. Estas son:

艹	氵	木	扌	口
Hierba 1,902	Agua 1,595	Árbol 1,369	Mano 1,203	Boca 1,146

小	虫	
Corazón 1,115	Insecto 1,067	
Siete raíces que forman parte de más de 1,000 caracteres cada una		

Las siguientes raíces generalmente indican una similitud en los caracteres en las que aparecen:

- Cuando un carácter tiene la raíz "Hierba" 艹 probablemente demuestra que el carácter esta relacionado a plantas o flores 花. Por ejemplo, el carácter "flor" 花 tiene la raíz "Hierba" 艹.
- La raíz "Árbol" 木 (carácter N°28 «木» página 34)probablemente significara que el carácter que la posea esta relacionado a la madera, la construcción e inclusive una maquina.
- La raíz "Fuego" 火 usualmente significa que el carácter esta relacionado al fuego o al calor.
- La raíz "Mujer" 女 (carácter N°53 «女» página 47), indica usualmente -y esto no es una sorpresa- algo femenino.

Aunque no todos las combinaciones incluyen una raíz que de una noción de la categoría, afortunadamente muchos de ellas las incluyen.

EJEMPLOS DE LAS RAÍCES MÁS COMUNES

La tabla siguiente contiene una lista de algunas de las raíces más comunes, junto con el significado y ejemplos de caracteres que las usan. En el apéndice se encuentra una lista completa de la lista de las «214 raíces del diccionario de Kang Xi » página 159

#	RAÍZ	SIGNIFICADO	CARACTERES QUE USAN LA RAÍZ
RAÍZ	人(亻)	Hombre, humano	今 从 (仁 休 位)

#	RAÍZ	SIGNIFICADO	CARACTERES QUE USAN LA RAÍZ
2	冫	Hielo	冶 冷 冻
3	刀 (刂)	Cuchillo, espada	刀 切
4	口	Boca, abertura	口 可 君 否
5	囗	Recinto	四 回 因
6	土	Tierra	土 在 地 城
7	女	Mujer, hembra	女 好 妻 姓
8	彳	Paso, pisada	役 彼 得
9	心 (忄 㣺)	Corazón	想 (忙 情 性)
10	手 (扌 龵)	Mano	手 拿 (打 抱)
11	日	Sol, día	日 明 映 晚
12	月	Luna, mes, carne	有 服 胀 肺
13	木	Árbol	木 相 森 林
14	水 (氵氺)	Agua	水 永 (泳 治)
15	火 (灬)	Fuego	火 灯 (点 照)
16	疒	Enfermedad	病 症 痛 癌
17	目	Ojo	目 省 眠 眼
18	肉	Carne	胬
19	虫	Insecto	蚯 蚓
20	讠	Lenguaje, discurso	讲 设 评 试
21	阝	Pueblo, pared	那 邦
22	食 (饣)	Comer, comida	餐 (饭 饮)

Tabla 2 : Ejemplos de raíces comunes

LECCIÓN 2 : TEST 1

De acuerdo con la tabla "Lista de caracteres chinos del Nº1 al Nº27 (en la página 10), escribe las raíces de cada uno de los caracteres y selecciona la definición correcta de la raíz. Véase las respuestas en "Claves del Examen 1" en la página 169.

#	RAÍZ	SIGNIFICADO	CARACTERES
1		☐ Comida ☐ Hombre	从
2		☐ Mano ☐ Insecto	打
3		☐ Luna ☐ Sol	明
4		☐ Carne ☐ Mesa	肺
5		☐ Madera ☐ Carne	相
6		☐ Hielo ☐ Agua	泳
7		☐ Luz ☐ Fuego	灯
8		☐ Enfermedad ☐ Envase	病
9		☐ Ojo ☐ Luna	眼
10		☐ Carne ☐ Flama	朕
11		☐ Música ☐ Insecto	蛇
12		☐ Flor ☐ Hielo	冰
13		☐ Lengua ☐ Viaje	讲
14		☐ Cuchillo ☐ Techo	召
15		☐ Boca ☐ Casa	否

CHINO PRÁCTICO

Considerando la raíz del carácter seleccionado, ¿A qué acontecimiento se refiere?

Considerando la raíz del carácter seleccionado, ¿A qué se refiere este ejemplar de la revista semanal?

Considerando la raíz del carácter seleccionado, ¿Qué clase de competición fue esta?

三

Definición	Tres, tercera, varias, pocos
La evolución del carácter	三 三 三 三
El orden de los trazo	一 二 三
Chino proverbio	三思而行

LA EVOLUCIÓN DE LOS CARACTERES CHINOS

En esta lección aprenderemos brevemente acerca de la evolución de los y agregaremos más caracteres a la lista que ya tenemos.

El idioma Chino tiene un sistema de escritura muy antiguo. Lo que es aun mas asombroso es que ha cambiado relativamente muy poco a través de los 3500 años de su evolución, la cual esta dividida en diferentes etapas. La tabla siguiente muestra los cambios a través de los siglos que han ocurrido a los caracteres de "Pescado", "Nube", "Luna" y "Hombre".

Nombre en Caracteres	Nombre en Español	Nombre en Chino	Evolución de los Caracteres			
			«Pescado»	«Nube»	«Luna»	«Hombre»
甲骨文 1200-1050 a de C.	Inscripción en Huesos	Jiaguwen				
金文 770-220 a de C.	Inscripción en Bronce	Jinwen				
篆书 220 a de C.-220 de C.	Estilo en Sellos	Zhuanshu				
隶书 25-220 de C.	Estilo Administrativo	Lishu	魚	雲	月	人
楷书 173 de C.	Estilo Estándar	Kaishu	魚	雲	月	人
行书 87 de C.	Estilo Corriente	Xingshu	魚	雲	月	人
草书 206 a de C. - 8 de C.	Estilo Cursivo	Caoshu	魚	雲	月	人

Tabla 3 : La evolución de los caracteres chinos

Nombre en Caracteres	Nombre en Español	Nombre en Chino	Evolución de los Caracteres			
			«Pescado»	«Nube»	«Luna»	«Hombre»
简体字 1949 de C.	Estilo Simplificado	Jiantizi	鱼	云	月	人

LISTA DE CARACTERES CHINOS DEL Nº 28 AL Nº 52

Esta lista presenta que se usan a menudo, la mayoría de los cuales tienen su propio significado. Estos también pueden ser usados como raíces para formar caracteres más complejos. Después de haber completado esta lección, podrás identificar caracteres mas complejos, aun si no los hayas estudiado todavía. Como ya hemos introducido el tema de caracteres antiguos, los incluiremos cuando haya ejemplos de ellos.

#	CARÁCTER	FORMA ANTIGUA	SIGNIFICADO	DESCRIPCIÓN Y EXPLICACIÓN
28	木	米	Árbol / madera	La raíz de un árbol bajo la tierra y el tronco
29	林	林	Bosque / madera	Dos árboles (carácter Nº 28) que representan un bosque
30	森	森	Selva / monte / bosque denso	Tres árboles (carácter Nº 28) que representan muchos árboles y vegetación, o un bosque denso
31	休	休	Descansar	Una persona (carácter Nº 5) que descansa apoyada en un árbol (carácter Nº 28)
32	本	本	Raíces o el tallo de una planta / origen / causa	Carácter similar al árbol (carácter Nº 28), pero con un trazo añadido marcando la raíz
33	目	目	Ojo / articulo / meta	Originariamente el pictograma de un ojo

#	CARÁCTER	FORMA ANTIGUA	SIGNIFICADO	DESCRIPCIÓN Y EXPLICACIÓN
34	相		Aspecto / retrato / examinar	Un ojo (carácter Nº 33) mirando de cerca a un árbol (carácter Nº 28); examinar
35	心		Corazón / mente	Corazón humano con válvulas y arterias conectadas
36	想		Pensar / creer / desear / echar de menos	Examinar (carácter Nº 34) la mente (carácter Nº 35); pensar
37	日		Sol / día / día de la semana	Pictograma del sol
38	白		Blanco / vacío / vacante / simple / claro / en vano	El sol (carácter Nº 37) con una marca indicando que esta empezando a levantarse
39	勺		Cuchara	Pictograma de una cuchara
40	的		De (perteneciente a, posesivo)	No tiene una explicación sencilla, pero es un carácter importante
41	百		Cien / numeroso / muchas clases de / muchos tipos de	Uno (carácter Nº 1) llenando un vacío (carácter Nº 38) lo que sugiere una cantidad grande
42	是		Es / son / soy / si / ser	Bajo la luz del día (carácter Nº 37)
43	早		Temprano / mañana	El sol (carácter Nº 37) levantándose sobre el horizonte
44	昨		Ayer	Día (carácter Nº 37) y el pasado

#	CARÁCTER	FORMA ANTIGUA	SIGNIFICADO	DESCRIPCIÓN Y EXPLICACIÓN
45	口	凵	Boca / entrada	Una boca; una abertura tal come una puerta o entrada; como es usual el circulo se ha cambiado por un cuadrado, el que es mas fácil de trazar con un pincel
46	喝		Beber / gritar (ordenar a gritos)	Una boca (carácter Nº 45) con el símbolo fonético 曷 (fonética se explicará en lecciones subsiguientes)
47	禾		Grano de mijo / cereal / grano	Un grano de trigo en lo alto de una planta
48	和		Y / junto con / suma / unión / paz / armonía	Armonía entre el grano y la boca
49	香		Fragancia / aroma agradable / sabroso o apetitoso	Grano de mijo 禾 (carácter Nº 47)y dulce 甘 (ahora simplificado a 日)
50	吃		Comer / absorber / sufrir / agotar	Boca (carácter Nº 45) con un pictograma que da la impresión de absorber algo
51	品		Articulo / bienes / rango / carácter / disposición	Tres cajas (carácter Nº 45) que representan bienes comerciales; se halla en muchos letreros comerciales y carteles
52	回		Volver / contestar	Dos rectángulos concéntricos que representan un viaje de ida y vuelta

Tabla 4 : Lista de del Nº 28 al Nº 52

LECCIÓN 3 :ORDEN DE LOS TRAZOS

La tabla siguiente muestra el orden de los trazos de cada uno de los nuevos caracteres presentados en esta lección. Ahora puedes practicarlos.

木	一	十	木						
林	木	林							
森	木	森	森						
休	亻	休							
本	木	本							
目	冂	月	月	目					
相	木	相							
心	丶	心	心						
想	相	想							
日	丨	冂	日	日					
白	丶	白							
勹	丿	勹	勹						
的	白	的							
百	一	百							
是	日	旦	早	早	是	是			
早	日	旦	早						

昨	日	旷	旷	旷	昨				
口	丨	冂	口						
喝	口	叩	閅	喝	喝				
禾	一	二	千	禾	禾				
和	禾	和							
香	禾	香							
吃	口	吃	吃	吃					
品	口	吊	品						
回	冂	冋	回						

LECCIÓN 3 : TEST 1

En la tabla siguiente, sin mirar a la lección estudiada, escribe cada uno de los caracteres de acuerdo a su significado.

#	CARÁCTER	SIGNIFICADO	DESCRIPCIÓN Y EXPLICACIÓN
28		Árbol / madera	La raíz de un árbol bajo la tierra y el tronco
29		Bosque / madera	Dos árboles (carácter Nº 28) que representan un bosque
30		Selva / monte / bosque denso	Tres árboles (carácter Nº 28) que representan muchos árboles y vegetación, o un bosque denso

#	CARÁCTER	SIGNIFICADO	DESCRIPCIÓN Y EXPLICACIÓN
31		Descansar	Una persona (carácter Nº 5) que descansa apoyada en un árbol (carácter Nº 28)
32		Raíces o el tallo de una planta / origen / causa	Carácter similar al árbol (carácter Nº 28), pero con un trazo añadido marcando la raíz
33		Ojo / articulo / meta	Originariamente el pictograma de un ojo
34		Aspecto / retrato / examinar	Un ojo (carácter Nº 33) mirando de cerca a un árbol (carácter Nº 28); examinar
35		Corazón / mente	Corazón humano con válvulas y arterias conectadas
36		Pensar / creer / desear / echar de menos	Examinar (carácter Nº 34) la mente (carácter Nº 35); pensar
37		Sol / día / día de la semana	Pictograma del sol
38		Blanco / vacío / vacante / simple / claro / en vano	El sol (carácter Nº 37) con una marca indicando que esta empezando a levantarse
39		Cuchara	Pictograma de una cuchara

#	CARÁCTER	SIGNIFICADO	DESCRIPCIÓN Y EXPLICACIÓN
40		De (perteneciente a, posesivo)	No tiene una explicación sencilla, pero es un carácter importante
41		Cien / numeroso / muchas clases de / muchos tipos de	Uno (carácter Nº 1) llenando un vacío (carácter Nº 38) lo que sugiere una cantidad grande
42		Es / son / soy / si / ser	Bajo la luz del día (carácter Nº 37)
43		Temprano / mañana	El sol (carácter Nº 37) levantándose sobre el horizonte
44		Ayer	Día (carácter Nº 37) y el pasado
45		Boca / entrada	Una boca; una abertura tal come una puerta o entrada; como es usual el circulo se ha cambiado por un cuadrado, el que es mas fácil de trazar con un pincel
46		Beber / gritar (ordenar a gritos)	Una boca (carácter Nº 45) con el símbolo fonético 曷 (fonética se explicará en lecciones subsiguientes)
47		Grano de mijo / cereal / grano	Un grano de trigo en lo alto de una planta
48		Y / junto con / suma / unión / paz / armonía	Armonía entre el grano y la boca

#	CARÁCTER	SIGNIFICADO	DESCRIPCIÓN Y EXPLICACIÓN
49		Fragancia / aroma agradable / sabroso o apetitoso	Grano de mijo 禾 (carácter Nº 47) y dulce 甘 (ahora simplificado a 日)
50		Comer / absorber / sufrir / agotar	Boca (carácter Nº 45) con un pictograma que da la impresión de absorber algo
51		Artículo / bienes / rango / carácter / disposición	Tres cajas (carácter Nº 45) que representan bienes comerciales; se halla en muchos letreros comerciales y carteles
52		Volver / contestar	Dos rectángulos concéntricos que representan un viaje de ida y vuelta

LECCIÓN 3 : TEST 2

En la tabla siguiente, sin mirar a la lección estudiada, escribe el significado de cada carácter chino dado.

#	CARÁCTER	SIGNIFICADO	DESCRIPCIÓN Y EXPLICACIÓN
28	木		La raíz de un árbol bajo la tierra y el tronco
29	林		Dos árboles (carácter Nº 28) que representan un bosque
30	森		Tres árboles (carácter Nº 28) que representan muchos árboles y vegetación, o un bosque denso

#	CARÁCTER	SIGNIFICADO	DESCRIPCIÓN Y EXPLICACIÓN
31	休		Una persona (carácter Nº 5) que descansa apoyada en un árbol (carácter Nº 28)
32	本		Carácter similar al árbol (carácter Nº 28), pero con un trazo añadido marcando la raíz
33	目		Originariamente el pictograma de un ojo
34	相		Un ojo (carácter Nº 33) mirando de cerca a un árbol (carácter Nº 28); examinar
35	心		Corazón humano con válvulas y arterias conectadas
36	想		Examinar (carácter Nº 34) la mente (carácter Nº 35); pensar
37	日		Pictograma del sol
38	白		El sol (carácter Nº 37) con una marca indicando que esta empezando a levantarse
39	勺		Pictograma de una cuchara
40	的		No tiene una explicación sencilla, pero es un carácter importante
41	百		Uno (carácter Nº 1) llenando un vacío (carácter Nº 38) lo que sugiere una cantidad grande
42	是		Bajo la luz del día (carácter Nº 37)

#	CARÁCTER	SIGNIFICADO	DESCRIPCIÓN Y EXPLICACIÓN
43	早		El sol (carácter Nº 37) levantándose sobre el horizonte
44	昨		Día (carácter Nº 37) y el pasado
45	口		Una boca; una abertura tal come una puerta o entrada; como es usual el circulo se ha cambiado por un cuadrado, el que es mas fácil de trazar con un pincel
46	喝		Una boca (carácter Nº 45) con el símbolo fonético 曷 (fonética se explicará en lecciones subsiguientes)
47	禾		Un grano de trigo en lo alto de una planta
48	和		Armonía entre el grano y la boca
49	香		Grano de mijo 禾 (carácter Nº 47)y dulce 甘 (ahora simplificado a 日)
50	吃		Boca (carácter Nº 45) con un pictograma que da la impresión de absorber algo
51	品		Tres cajas (carácter Nº 45) que representan bienes comerciales; se halla en muchos letreros comerciales y carteles
52	回		Dos rectángulos concéntricos que representan un viaje de ida y vuelta

CHINO PRÁCTICO

（香）水之城

Considerando el carácter seleccionado: ¿Cuál es la característica principal: ¿el paisaje, el cielo azul, o la fragancia del pueblo?

隆福寺 小 吃店

Considerando los 2 caracteres seleccionados: ¿Qué clase de tienda es esta: una perfumería, un pequeño restaurante o un cine?

体验 "国产 森林人"
陆风X8质量做工评测

Considerando los 2 caracteres seleccionados: ¿Qué tipo de automóvil es el de la fotografía: un automóvil de lujo, uno de todo-terreno, o un automóvil deportivo?

LECCIÓN 4

四

Definición	Cuatro			
La evolución del carácter	三	𝕏	四	四
El orden de los trazo	丨	冂	𧘇	四	四	
Chino proverbio	四海为家			

CHINO TRADICIONAL Y SIMPLIFICADO

En el siglo veinte, la escritura china se dividió en dos formas canónicas, las que se llaman 简体字 jiǎntǐzì (la escritura china simplificada) y 繁体字 fántǐzì (la escritura china tradicional). La escritura china Simplificada se creo en la China continental para abreviar los y para facilitar la memorización de los mismos (algunos de los tradicionales se componen de varias docenas de trazos).

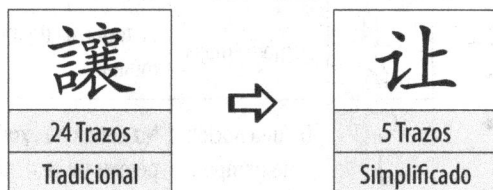

讓		让
24 Trazos	⇨	5 Trazos
Tradicional		Simplificado

Los caracteres simplificados tienen menos trazos que los tradicionales. Por ejemplo, el carácter tradicional de 讓 "permitir", come se ilustra arriba, se ha simplificado a 让, el lado derecho del carácter se ha reducido de 17 trazos a 3. (La raíz "habla" a la izquierda también se ha simplificado).

Sin embargo, algunos caracteres no han sido simplificados, ya que se usan infrecuentemente. Por ejemplo, caracteres tales como 壤 "tierra" e 齉 inhalar", que tienen el mismo lado derecho tal como 萬, no han sido simplificados.

La caligrafía china Simplificada es el estándar en la Republica Popular China (la China continental), Singapur y Malasia. La caligrafía china Tradicional, por su parte, se usa en Hong Kong, Taiwán, Macao y algunas de las comunidades chinas ultramarinas

LISTA DE CARACTERES CHINOS DEL Nº 53 AL Nº 76

Esta lista presenta que se usan a menudo, de los cuales la mayoría tiene su propio significado, pero que a la vez se pueden usar como raíces para formar caracteres más complejos. En este caso también, después de haber completado esta lección, podrás identificar esa clase de caracteres complejos, aunque no los hayas estudiado todavía.

#	CARÁCTER	FORMA ANTIGUA	SIGNIFICADO	DESCRIPCIÓN Y EXPLICACIÓN
53	女		Hembra / mujer	Pictograma de una mujer de rodillas
54	了		Da una noción de tiempo	No tiene una explicación sencilla, pero es un carácter importante
55	子		Hijo / niño / semilla/ algo pequeño	Un niño envuelto en una manta
56	好		Bueno / bien / apropiado / bueno para	Una mujer (carácter Nº 53) y el bebe (carácter Nº 55) juntos, lo que sugiere buenas cosas
57	安		Satisfacción / calma / tranquilidad / quietud / seguridad / estabilidad	Una mujer (carácter Nº 53) debajo de un tejado (un hogar), lo que sugiere paz
58	字		Letra / símbolo / carácter	Tradicionalmente la escritura y la palabra escrita se trataba con reverencia; aquí esta representada por un bebe (carácter Nº 55) bajo un tejado
59	家		Hogar / familia / denominador para familias o negocios	Cerdos bajo un tejado, sugiriendo un hogar (cerdos eran un símbolo de prosperidad)

#	CARÁCTER	FORMA ANTIGUA	SIGNIFICADO	DESCRIPCIÓN Y EXPLICACIÓN
60	妈	𡢃	Madre	Una mujer (carácter Nº 53) con el símbolo fonético Âí (carácter Nº 163) (fonética se explicará en lecciones subsiguientes) (t: 媽)
61	吗	𠵿	Usado como un símbolo de pregunta	Una boca (carácter Nº 45) con el símbolo fonético Âí (carácter Nº 163) (fonética se explicará en lecciones subsiguientes) (t: 嗎)
62	骂	𧤴	Regañar / abusar	Dos bocas que sugieren gritos (carácter Nº 45) con el símbolo fonético Âí (carácter Nº 163) (fonética se explicará en lecciones subsiguientes) (t: 罵)
63	石	⺁	Roca / piedra	Una roca al pie de un despeñadero, como ilustrando una cantera
64	码	𥐳	Número / código / peso	Una roca con el símbolo fonético 马 (carácter Nº 163) (fonética se explicará en lecciones subsiguientes) (t: 碼)
65	田	田	Terreno / granja	Un terreno dividido en parcelas
66	力	𠂡	Poder / fuerza / fortaleza	Pictograma que sugiere tensión y fuerza (t: 辦)
67	办	辦	Hacer / administrar / manipular	Producir algo (ilustrado por los dos trazos) usando fuerza (carácter Nº 66)
68	为	𤔩	Porque / como / tomar algo como / actuar como	(t: 為) No tiene una explicación sencilla, pero es un carácter importante
69	男	𤰡	Macho, varón	Sugiere que el hombre es la fuerza (carácter Nº 66) para el campo o la granja (carácter Nº 65)
70	果	𣏟	Fruta	Frutas en lo alto de un árbol 木 (carácter Nº 28)

#	CARÁCTER	FORMA ANTIGUA	SIGNIFICADO	DESCRIPCIÓN Y EXPLICACIÓN
71	门	門	Puerta, portal	Pictograma de una puerta de dos hojas (t: 門)
72	们	們	Un indicador de plural para pronombres	Una persona con el símbolo fonético 门 (carácter Nº 71) (fonética se explicará en lecciones subsiguientes) (t: 們)
73	问	問	Preguntar	Una boca (carácter Nº 45) preguntando enfrente de la puerta (carácter Nº 71) (t: 問)
74	间	間	Entre / en medio / espacio	Un rayo de luz entrando por la puerta (carácter Nº 71) (t: 間)
75	买	買	Comprar / adquirir	Originalmente era una red o bolsa con dinero para comprar cosas (t: 買)
76	卖	賣	Vender / traicionar / no regatear esfuerzos	Vender a otros (carácter Nº 75) (t: 賣)

Tabla 5 : Lista de del Nº 53 al Nº 76

LECCIÓN 4 : ORDEN DE LOS TRAZOS

La tabla siguiente muestra el orden de los trazos de cada uno de los nuevos caracteres presentados en esta lección. Ahora puedes practicarlos.

女	乆	乀	女					
了	㇆	了						
子	了	子						
好	女	好						
安	丶	宀	宀	安				

字	宀	字							
家	宀	宀	宁	宇	豸	家	家		
妈	女	奵	妈	妈					
吗	口	吗							
骂	口	吅	骂						
石	一	丆	石						
码	石	码							
田	冂	用	田						
力	丁	力							
办	力	办	办						
为	丶	为	为	为					
男	田	男							
果	日	男	果						
门	丶	门	门						
们	亻	们							
问	门	问							
间	门	间							
买	乛	乛	乛	买					
卖	十	卖							

LECCIÓN 4 : TEST 1

En la tabla siguiente, sin mirar a la lección estudiada, escribe cada uno de los caracteres de acuerdo a su significado.

#	CARÁCTER	SIGNIFICADO	DESCRIPCIÓN Y EXPLICACIÓN
53		Hembra / mujer	Pictograma de una mujer de rodillas
54		Da una noción de tiempo	No tiene una explicación sencilla, pero es un carácter importante
55		Hijo / niño / semilla/ algo pequeño	Un niño envuelto en una manta
56		Bueno / bien / apropiado / bueno para	Una mujer (carácter Nº 53) y el bebe (carácter Nº 55) juntos, lo que sugiere buenas cosas
57		Satisfacción / calma / tranquilidad / quietud / seguridad / estabilidad	Una mujer (carácter Nº 53) debajo de un tejado (un hogar), lo que sugiere paz
58		Letra / símbolo / carácter	Tradicionalmente la escritura y la palabra escrita se trataba con reverencia; aquí esta representada por un bebe (carácter Nº 55) bajo un tejado
59		Hogar / familia / denominador para familias o negocios	Cerdos bajo un tejado, sugiriendo un hogar (cerdos eran un símbolo de prosperidad)
60		Madre	Una mujer (carácter Nº 53) con el símbolo fonético Âí (carácter Nº 163) (fonética se explicará en lecciones subsiguientes) (t: 媽)

#	CARÁCTER	SIGNIFICADO	DESCRIPCIÓN Y EXPLICACIÓN
61		Usado como un símbolo de pregunta	Una boca (carácter Nº 45) con el símbolo fonético Âí (carácter Nº 163) (fonética se explicará en lecciones subsiguientes) (t: 嗎)
62		Regañar / abusar	Dos bocas que sugieren gritos (carácter Nº 45) con el símbolo fonético Âí (carácter Nº 163) (fonética se explicará en lecciones subsiguientes) (t: 罵)
63		Roca / piedra	Una roca al pie de un despeñadero, como ilustrando una cantera
64		Número / código / peso	Una roca con el símbolo fonético 马 (carácter Nº 163) (fonética se explicará en lecciones subsiguientes) (t: 碼)
65		Terreno / granja	Un terreno dividido en parcelas
66		Poder / fuerza / fortaleza	Pictograma que sugiere tensión y fuerza (t: 辦)
67		Hacer / administrar / manipular	Producir algo (ilustrado por los dos trazos) usando fuerza (carácter Nº 66)
68		Porque / como / tomar algo como / actuar como	(t: 為) No tiene una explicación sencilla, pero es un carácter importante

#	CARÁCTER	SIGNIFICADO	DESCRIPCIÓN Y EXPLICACIÓN
69		Macho, varón	Sugiere que el hombre es la fuerza (carácter Nº 66) para el campo o la granja (carácter Nº 65)
70		Fruta	Frutas en lo alto de un árbol 木 (carácter Nº 28)
71		Puerta, portal	Pictograma de una puerta de dos hojas (t: 門)
72		Un indicador de plural para pronombres	Una persona con el símbolo fonético 门 (carácter Nº 71) (fonética se explicará en lecciones subsiguientes) (t: 們)
73		Preguntar	Una boca (carácter Nº 45) preguntando enfrente de la puerta (carácter Nº 71) (t: 問)
74		Entre / en medio / espacio	Un rayo de luz entrando por la puerta (carácter Nº 71) (t: 間)
75		Comprar / adquirir	Originalmente era una red o bolsa con dinero para comprar cosas (t: 買)
76		Vender / traicionar / no regatear esfuerzos	Vender a otros (carácter Nº 75) (t: 賣)

LECCIÓN 4 : TEST 2

En la tabla siguiente, sin mirar a la lección estudiada, escribe el significado de cada carácter chino dado.

#	CARÁCTER	SIGNIFICADO	DESCRIPCIÓN Y EXPLICACIÓN
53	女		Pictograma de una mujer de rodillas
54	了		No tiene una explicación sencilla, pero es un carácter importante
55	子		Un niño envuelto en una manta
56	好		Una mujer (carácter Nº 53) y el bebe (carácter Nº 55) juntos, lo que sugiere buenas cosas
57	安		Una mujer (carácter Nº 53) debajo de un tejado (un hogar), lo que sugiere paz
58	字		Tradicionalmente la escritura y la palabra escrita se trataba con reverencia; aquí esta representada por un bebe (carácter Nº 55) bajo un tejado
59	家		Cerdos bajo un tejado, sugiriendo un hogar (cerdos eran un símbolo de prosperidad)
60	妈		Una mujer (carácter Nº 53) con el símbolo fonético Âí (carácter Nº 163) (fonética se explicará en lecciones subsiguientes) (t: 媽)

#	CARÁCTER	SIGNIFICADO	DESCRIPCIÓN Y EXPLICACIÓN
61	吗		Una boca (carácter Nº 45) con el símbolo fonético Âí (carácter Nº 163) (fonética se explicará en lecciones subsiguientes) (t: 嗎)
62	骂		Dos bocas que sugieren gritos (carácter Nº 45) con el símbolo fonético Âí (carácter Nº 163) (fonética se explicará en lecciones subsiguientes) (t: 罵)
63	石		Una roca al pie de un despeñadero, como ilustrando una cantera
64	码		Una roca con el símbolo fonético 马 (carácter Nº 163) (fonética se explicará en lecciones subsiguientes) (t: 碼)
65	田		Un terreno dividido en parcelas
66	力		Pictograma que sugiere tensión y fuerza (t: 辦)
67	办		Producir algo (ilustrado por los dos trazos) usando fuerza (carácter Nº 66)
68	为		(t: 為) No tiene una explicación sencilla, pero es un carácter importante
69	男		Sugiere que el hombre es la fuerza (carácter Nº 66) para el campo o la granja (carácter Nº 65)
70	果		Frutas en lo alto de un árbol 木 (carácter Nº 28)
71	门		Pictograma de una puerta de dos hojas (t: 門)

#	CARÁCTER	SIGNIFICADO	DESCRIPCIÓN Y EXPLICACIÓN
72	们		Una persona con el símbolo fonético 门 (carácter Nº 71) (fonética se explicará en lecciones subsiguientes) (t: 們)
73	问		Una boca (carácter Nº 45) preguntando enfrente de la puerta (carácter Nº 71) (t: 問)
74	间		Un rayo de luz entrando por la puerta (carácter Nº 71) (t: 間)
75	买		Originalmente era una red o bolsa con dinero para comprar cosas (t: 買)
76	卖		Vender a otros (carácter Nº 75) (t: 賣)

CHINO PRÁCTICO

男 女
BAÑOS

¿En qué dirección se debería ir?

Considerando el carácter seleccionado: ¿Qué es lo que esta tienda vende? (Nota: Ya has aprendido 4 caracteres de los 5 que se han dado)

¿A dónde está yendo el niño?

Brian Stewart

五

Definición	Cinco			
La evolución del carácter	X	X	X	五
El orden de los trazo	一	丁	五	五		
Chino proverbio	五湖四海			

COMO USAR UN DICCIONARIO DEL IDIOMA CHINO

DE ACUERDO A LA RAÍZ

Tradicionalmente, los diccionarios del idioma Chino se organizaron de acuerdo con los elementos visuales de los caracteres, específicamente las raíces. Esta manera de organizar los diccionarios es la más lógica, ya que la mayoría de los caracteres Chinos no son fonéticos (no se puede saber la pronunciación del carácter a través de la lectura). En los diccionarios Chinos hay una sección para cada raíz, la que incluye combinaciones y frases que comienzan con caracteres que incluyen esa raíz. Por ejemplo, el termino para China es Zhongguo 中国, y este esta clasificado bajo la raíz zhong 中.

DE ACUERDO AL NÚMERO DE TRAZOS

Muchos diccionarios (en particular los usados por especialistas) clasifican los caracteres de acuerdo al número de trazos de cada carácter. Para encontrar un carácter en esa clase de diccionarios, se debe contar primero el número de trazos en el carácter y después se puede encontrar el carácter en la sección correspondiente (la sección dedicada a ese número de trazos). Como hay muchos caracteres Chinos que tienen de 5 a 13 trazos, la lista primaria esta subdividida a la vez de acuerdo al tipo del trazo inicial del carácter (el primer trazo que se escribe en un carácter de acuerdo al orden de escritura). Hay cinco trazos diferentes. Estos son: un trazo horizontal 一, un trazo vertical 丨, una barra oblicua 丿, un punto 丶, y un trazo con forma de anzuelo 乛.

DE ACUERDO AL SONIDO

Los diccionarios modernos que se usan en la China continental a menudo están organizados siguiendo la pronunciación de los caracteres de acuerdo con el sistema pinyin (véase "Dialectos, sonidos, pronunciación ortográfica y préstamos por razones fonéticas" en la lección 9, página 110). Esto simplifica el uso del diccionario si ya se conoce la pronunciación del carácter deseado. Este es el caso -a menudo- cuando se busca una combinación basada en un primer carácter con el que uno esta familiarizado.

LISTA DE CARACTERES CHINOS DEL Nº 77 AL Nº 99

No hemos presentado la pronunciación de los caracteres todavía, pero trata de encontrar la definición de estos nuevos caracteres en un diccionario Chino usando el sistema de clasificación de acuerdo a la raíz, y el de acuerdo a la cantidad de trazos. Esto te ayudara a familiarizarte con las raíces y con el número de trazos de los caracteres, lo que es bueno de recordar.

#	CARÁCTER	FORMA ANTIGUA	SIGNIFICADO	DESCRIPCIÓN Y EXPLICACIÓN
77	又		(Otra) vez / también / ambos... y... / de nuevo	Pictograma que sugiere un movimiento de ida y vuelta; también representa una mano derecha
78	双		Dos / doble / par / ambos	Dos 又 (carácter Nº 77), que sugiere algo doble (t: 雙)
79	友		Amigo / amigable	Dos manos derechas (alterado) que trabajan juntas, lo que sugiere amistad
80	没		(Prefijo negativo para verbos) / no tiene / no	No tiene una explicación sencilla, pero es un carácter importante (t: 沒)
81	刀		Cuchillo	Un hacha (con una empuñadura muy corta)
82	米		Arroz	Dos granos a lo alto de un árbol 木 (carácter Nº 28), una planta
83	来		Venir / llegar / pasar	Pictograma del trigo maduro (carácter Nº 46) en la planta, lo que sugiere "viniendo" o "haber llegado" (t: 來)
84	粉		Polvo / fideos o pasta / rosa	Un cuchillo (carácter Nº 81) cortando granos de arroz (carácter Nº 82), representando un polvo fino o harina

#	CARÁCTER	FORMA ANTIGUA	SIGNIFICADO	DESCRIPCIÓN Y EXPLICACIÓN
85	水	〰	Agua / río / liquido	Corrientes que fluyen juntas
86	冰	〰	Hielo	Las raíces de hielo 冫 y agua 水 (carácter Nº 85)
87	汁	〰	Jugo	Agua (carácter Nº 85) con 十 carácter Nº 4) partícula fonética (fonética se explicará en lecciones subsiguientes)
88	千	〰	Kilo, mil	Diez 十 (carácter Nº 4) generaciones de una persona 人 (carácter Nº 5)
89	开	開	Abrir / comenzar / encender / hervir	No tiene una explicación sencilla, pero es un carácter importante (t: 開)
90	古	〰	Antiguo / viejo	Diez 十 (carácter Nº 4) bocas 口 (carácter Nº 45), sugiriendo diez generaciones
91	舌	〰	Lengua	Un objeto emergiendo de una boca (carácter Nº 45); una lengua
92	话	〰	Lenguaje / palabra	La raíz de Lenguaje 讠 y una lengua 舌 (carácter Nº 91), lo que sugiere palabras (t: 話)
93	活	〰	Vivir / vivo / viviendo / trabajo	La raíz de agua 讠 con 舌 (carácter Nº 91) phonétique (fonética se explicará en lecciones subsiguientes), lo que sugiere vitalidad
94	月	☽	Mes / luna	Pictograma de una luna creciente

#	CARÁCTER	FORMA ANTIGUA	SIGNIFICADO	DESCRIPCIÓN Y EXPLICACIÓN
95	朋	拜	Amigo	Dos lunas (carácter Nº 94), lo que sugiere amistad, compañerismo
96	明	◖◗	Claro / brillante / entender	El sol y la luna juntos los que representan claridad, luminosidad
97	有	ヨ	Tener / haber / hay / existir	Pictograma de una mano (carácter Nº 77) sujetando algo
98	今	今	Hoy / moderno / presente / corriente	Pictograma de un carácter antiguo que sugiere unión, ahora, el presente
99	冷	冷	Frío	La raíz de hielo 冫 (carácter Nº 86) con 令 partícula fonética (fonética se explicará en lecciones subsiguientes)

Tabla 6 : Lista de caracteres Chinos del Nº 77 al Nº 99

LECCIÓN 5 : ORDEN DE LOS TRAZOS

La tabla siguiente muestra el orden de los trazos de cada uno de los nuevos caracteres presentados en esta lección. Ahora puedes practicarlos.

又	フ	又					
双	又	双					
友	ナ	友					
没	丶	冫	氵	汇	氻	没	

刀	ㄱ	刀						
米	丶	丷	半	半	米			
来	一	来						
粉	半	米	籵	粉				
水	丿	기	水	水				
冰	丶	冫	冰					
汁	冫	汁						
千	一	千						
开	一	二	于	开				
古	十	古						
舌	一	舌						
话	丶	讠	话					
活	冫	活						
月	丿	刀	月	月				
朋	月	朋						
明	日	明						
有	广	有						
今	人	今	今					
冷	冫	冷	冷					

LECCIÓN 5: TEST 1

En la tabla siguiente, sin mirar a la lección estudiada, escribe cada uno de los caracteres de acuerdo a su significado.

#	CARÁCTER	SIGNIFICADO	DESCRIPCIÓN Y EXPLICACIÓN
77		(Otra) vez / también / ambos... y... / de nuevo	Pictograma que sugiere un movimiento de ida y vuelta; también representa una mano derecha
78		Dos / doble / par / ambos	Dos 又 (carácter Nº 77), que sugiere algo doble (t: 雙)
79		Amigo / amigable	Dos manos derechas (alterado) que trabajan juntas, lo que sugiere amistad
80		(Prefijo negativo para verbos) / no tiene / no	No tiene una explicación sencilla, pero es un carácter importante (t: 沒)
81		Cuchillo	Un hacha (con una empuñadura muy corta)
82		Arroz	Dos granos a lo alto de un árbol 木 (carácter Nº 28), una planta
83		Venir / llegar / pasar	Pictograma del trigo maduro (carácter Nº 46) en la planta, lo que sugiere "viniendo" o "haber llegado" (t: 來)
84		Polvo / fideos o pasta / rosa	Un cuchillo (carácter Nº 81) cortando granos de arroz (carácter Nº 82), representando un polvo fino o harina

#	CARÁCTER	SIGNIFICADO	DESCRIPCIÓN Y EXPLICACIÓN
85		Agua / río / liquido	Corrientes que fluyen juntas
86		Hielo	Las raíces de hielo 冫 y agua 水 (carácter Nº 85)
87		Jugo	Agua (carácter Nº 85) con 十 carácter Nº 4) partícula fonética (fonética se explicará en lecciones subsiguientes)
88		Kilo, mil	Diez 十 (carácter Nº 4) generaciones de una persona 人 (carácter Nº 5)
89		Abrir / comenzar / encender / hervir	No tiene una explicación sencilla, pero es un carácter importante (t: 開)
90		Antiguo / viejo	Diez 十 (carácter Nº 4) bocas 口 (carácter Nº 45), sugiriendo diez generaciones
91		Lengua	Un objeto emergiendo de una boca (carácter Nº 45); una lengua
92		Lenguaje / palabra	La raíz de Lenguaje 讠 y una lengua 舌 (carácter Nº 91), lo que sugiere palabras (t: 話)

#	CARÁCTER	SIGNIFICADO	DESCRIPCIÓN Y EXPLICACIÓN
93		Vivir / vivo / viviendo / trabajo	La raíz de agua 氵 con 舌 (carácter Nº 91) phonétique (fonética se explicará en lecciones subsiguientes), lo que sugiere vitalidad
94		Mes / luna	Pictograma de una luna creciente
95		Amigo	Dos lunas (carácter Nº 94), lo que sugiere amistad, compañerismo
96		Claro / brillante / entender	El sol y la luna juntos los que representan claridad, luminosidad
97		Tener / haber / hay / existir	Pictograma de una mano (carácter Nº 77) sujetando algo
98		Hoy / moderno / presente / corriente	Pictograma de un carácter antiguo que sugiere unión, ahora, el presente
99		Frío	La raíz de hielo 冫 (carácter Nº 86) con 令 partícula fonética (fonética se explicará en lecciones subsiguientes)

LECCIÓN 5: TEST 2

En la tabla siguiente, sin mirar a la lección estudiada, escribe el significado de cada carácter chino dado.

#	CARÁCTER	SIGNIFICADO	DESCRIPCIÓN Y EXPLICACIÓN
77	又		Pictograma que sugiere un movimiento de ida y vuelta; también representa una mano derecha
78	双		Dos 又 (carácter Nº 77), que sugiere algo doble (t: 雙)
79	友		Dos manos derechas (alterado) que trabajan juntas, lo que sugiere amistad
80	没		No tiene una explicación sencilla, pero es un carácter importante (t: 沒)
81	刀		Un hacha (con una empuñadura muy corta)
82	米		Dos granos a lo alto de un árbol 木 (carácter Nº 28), una planta
83	来		Pictograma del trigo maduro (carácter Nº 46) en la planta , lo que sugiere "viniendo" o "haber llegado" (t: 來)
84	粉		Un cuchillo (carácter Nº 81) cortando granos de arroz (carácter Nº 82), representando un polvo fino o harina
85	水		Corrientes que fluyen juntas

#	CARÁCTER	SIGNIFICADO	DESCRIPCIÓN Y EXPLICACIÓN
86	冰		Las raíces de hielo 冫 y agua 水 (carácter N° 85)
87	汁		Agua (carácter N° 85) con 十 carácter N° 4) partícula fonética (fonética se explicará en lecciones subsiguientes)
88	千		Diez 十 (carácter N° 4) generaciones de una persona 人 (carácter N° 5)
89	开		No tiene una explicación sencilla, pero es un carácter importante (t: 開)
90	古		Diez 十 (carácter N° 4) bocas 口 (carácter N° 45), sugiriendo diez generaciones
91	舌		Un objeto emergiendo de una boca (carácter N° 45); una lengua
92	话		La raíz de Lenguaje 讠 y una lengua 舌 (carácter N° 91), lo que sugiere palabras (t: 話)
93	活		La raíz de agua 氵 con 舌 (carácter N° 91) phonétique (fonética se explicará en lecciones subsiguientes), lo que sugiere vitalidad
94	月		Pictograma de una luna creciente
95	朋		Dos lunas (carácter N° 94), lo que sugiere amistad, compañerismo
96	明		El sol y la luna juntos los que representan claridad, luminosidad

#	CARÁCTER	SIGNIFICADO	DESCRIPCIÓN Y EXPLICACIÓN
97	有		Pictograma de una mano (carácter Nº 77) sujetando algo
98	今		Pictograma de un carácter antiguo que sugiere unión, ahora, el presente
99	冷		La raíz de hielo 冫 (carácter Nº 86) con 令 partícula fonética (fonética se explicará en lecciones subsiguientes)

CHINO PRÁCTICO

Considerando los 2 caracteres seleccionados: ¿Cuál es el mensaje de la fotografía?

Considerando los 2 caracteres seleccionados: ¿De qué se trata este reporte financiero?

Considerando los caracteres seleccionados « 粉 »: ¿Qué es lo que el hombre va a hacer probablemente?

六

Definición	Seis
La evolución del carácter	亽 亽 央 六
El orden de los trazo	丶 亠 亣 六
Chino proverbio	六六大顺

¿ES UN CARÁCTER UNA PALABRA?

El carácter es la unidad básica del idioma escrito Chino. En general, la gente China analiza y habla de su lenguaje tomando los caracteres como la unidad básica (字). Una oración en el idioma Chino -de hecho- consiste de una sucesión de caracteres -sin espacios entre uno y el otro- en la que cada carácter representa una silaba y tiene su propio significado. Debido a ello, el idioma Chino se percibe a menudo como un idioma compuesto exclusivamente de palabras que son monosílabos. Aunque este era el caso en general en el idioma Chino clásico, en el idioma Chino moderno la situación ha cambiado considerablemente. Todavía hay muchas palabras en el idioma Chino moderno que son monosílabos -así como en el idioma Español- pero cada carácter no es una palabra.

Algunos ejemplos de palabras monosílabas son:

PALABRA	SIGNIFICADO	PALABRA	SIGNIFICADO
山	Montaña	狗	Perro
人	Persona	快	Rápido, ligero
吃	Comer	看	Ver

Hay muchas palabras en el idioma Chino moderno que tienen más de una silaba.

Intrínsecamente, palabras que tienen más de una silaba no se pueden dividir en unidades más pequeñas. Algunos ejemplos son:

PALABRA	SIGNIFICADO
葡萄	Uva
玫瑰	Rosa
玻璃	Vidrio

LISTA DE CARACTERES CHINOS DEL Nº 100 AL Nº 130

No hemos presentado la pronunciación de los caracteres todavía, pero trata de encontrar la definición de estos nuevos caracteres en un diccionario Chino usando el sistema de clasificación de acuerdo a la raíz, y el de acuerdo a la cantidad de trazos. Esto te ayudara a familiarizarte con las raíces y con el número de trazos de los caracteres, lo que es bueno de recordar.

#	CARÁCTER	FORMA ANTIGUA	SIGNIFICADO	DESCRIPCIÓN Y EXPLICACIÓN
100	户		Hogar / puerta / familia	Pictograma de una puerta, lo que representa un hogar o familia
101	万		Diez mil / una gran cantidad	La forma tradicional es: 萬; la forma moderna no esta relacionada con el significado original
102	方		Dirección / cuadrado / recto / un lado / lugar	Pictograma de una persona dando instrucciones o direcciones
103	房		Casa / habitación	Pictograma de un hogar (carácter Nº100) y un lugar (carácter Nº 102)
104	上		Arriba / encima de	Un símbolo de una cosa encima de otra o de algo señalando hacia arriba
105	下		Abajo / debajo	Lo contrario del carácter Nº 104 (Arriba)
106	卡		Tarjeta / detener / bloquear	Pictograma de un mecanismo diseñado para prevenir el ascenso (carácter Nº 104) o descenso de algo (carácter Nº 105), representando una tarjeta

#	CARÁCTER	FORMA ANTIGUA	SIGNIFICADO	DESCRIPCIÓN Y EXPLICACIÓN
107	直		Derecho / vertical / sincero / enderezar	Diez (carácter N° 4), ojos (carácter N°33) observando algo, lo que sugiere derecho, directo
108	具		Herramienta / habilidad / poseer	Pictograma que representa un herramienta
109	真		Realmente / verdaderamente / de hecho / real / verdad / genuino	El pictograma original sugiere algo que ha sido destapado o descubierto, lo que sugiere la realidad
110	寸		Unidad de longitud / pulgada / pulgar	Pictograma de una mano y una herramienta, lo que representa una medida o una unidad
111	对		Correcto / ser lo opuesto / enfrentar / versus / para / vertical	Mano (carácter N° 77) y el símbolo de medida (carácter N° 110), lo que sugiere "correcto" (t: 對)
112	过		Indicador de acción y experiencia / cruzar / repasar / examinar / pasar (tiempo)	Raíz que denota movimiento y el símbolo de medida (carácter N° 110), lo que sugiere tiempo (t: 過)
113	时		En punto / tiempo / cuando / hora / periodo	Día de la semana (carácter N° 37) y el símbolo de medida (carácter N° 110), lo que sugiere tiempo (t: 時)
114	村		Aldea	Madera (carácter N° 28) con la partícula fonética 寸 (fonética se explicará en lecciones subsiguientes)
115	树		Árbol	Madera (carácter N° 28) y vertical (carácter N° 111) (t: 樹)
116	贝		Caparazón de un crustáceo / dinero	Pictograma de la caparazón de un marisco (t: 貝)

#	CARÁCTER	FORMA ANTIGUA	SIGNIFICADO	DESCRIPCIÓN Y EXPLICACIÓN
117	见		Ver / encontrarse con / aparecer	Un ojo 目 (carácter Nº 33) sobre una persona 儿; (t: 見)
118	贵		Caro / noble	Pictograma de una canasta de dinero (caparazones) (t: 貴)
119	现		Aparecer / presente / existiendo / corriente	Jade 玉 que puede ser visto (carácter Nº 117) (t: 現)
120	立		De pie, recto	Persona de pie en una posición erguida en el suelo
121	产		Maternidad / reproducir / producir / producto	La forma tradicional 產, la que sugiere nacimiento con la partícula fonética XXX (fonética se explicará en lecciones subsiguientes)
122	位		Posición / ubicación / lugar / asiento	Una persona (carácter Nº 5) de pie en un lugar determinado (carácter Nº 120)
123	站		Estación / pararse / parar / detener	De pie y la partícula fonética 占 (carácter Nº 17) (fonética se explicará en lecciones subsiguientes)
124	小		Pequeño / minúsculo / poco / joven	Un objeto roto en dos partes pequeñas
125	少		Menos / Poco / pequeño / hacer falta; juventud	Quitar de lo que ya era pequeño (carácter Nº 124)
126	尖		Punta (de una aguja) / afilado / puntiagudo	Pequeño 小 (carácter Nº 124) y grande 大 (carácter Nº 7)
127	夕		Atardecer / anochecer	Pictograma de una luna creciente

#	CARÁCTER	FORMA ANTIGUA	SIGNIFICADO	DESCRIPCIÓN Y EXPLICACIÓN
128	多	夕夕	Mucho / tanto / un montón	Muchas lunas (carácter Nº 127)
129	名	凸丿	Nombre / sustantivo / famoso	Identificar en la oscuridad (anochecer, (carácter Nº 127), lo que sugiere un nombre
130	句	匂	Oración / cláusula / frase	Pictograma que sugiere palabras de la boca (carácter Nº 45) y que forman una oración

Tabla 7 : Lista de caracteres Chinos del Nº 100 al Nº 130

LECCIÓN 6 : ORDEN DE LOS TRAZOS

La tabla siguiente muestra el orden de los trazos de cada uno de los nuevos caracteres presentados en esta lección. Ahora puedes practicarlos.

户	丶	丁	彐	户					
万	一	丆	万						
方	丶	方							
房	户	房							
上	丨	卜	上						
下	一	下	丅						
卡	上	卡	卡						
直	一	十	肖	直					

具	目	具	具					
真	直	真	真					
寸	一	寸	寸					
对	又	对						
过	寸	寸	讨	过				
时	日	时						
村	木	村						
树	木	树						
贝	冂	贝	贝					
见	贝	见						
贵	一	中	贵	贵				
现	王	现						
立	、	亠	六	立	立			
产	立	产						
位	亻	位						
站	立	站						
小	亅	小	小					
少	小	少						
尖	小	尖						
夕	丿	夕	夕					
多	夕	多						

名	夕	名					
句	勹	句					

LECCIÓN 6: TEST 1

En la tabla siguiente, sin mirar a la lección estudiada, escribe cada uno de los caracteres de acuerdo a su significado.

#	CARÁCTER	SIGNIFICADO	DESCRIPCIÓN Y EXPLICACIÓN
100		Hogar / puerta / familia	Pictograma de una puerta, lo que representa un hogar o familia
101		Diez mil / una gran cantidad	La forma tradicional es: 萬 ; la forma moderna no esta relacionada con el significado original
102		Dirección /cuadrado / recto / un lado / lugar	Pictograma de una persona dando instrucciones o direcciones
103		Casa / habitación	Pictograma de un hogar (carácter Nº100) y un lugar (carácter Nº 102)
104		Arriba / encima de	Un símbolo de una cosa encima de otra o de algo señalando hacia arriba
105		Abajo / debajo	Lo contrario del carácter Nº 104 (Arriba)

#	CARÁCTER	SIGNIFICADO	DESCRIPCIÓN Y EXPLICACIÓN
106		Tarjeta / detener / bloquear	Pictograma de un mecanismo diseñado para prevenir el ascenso (carácter Nº 104) o descenso de algo (carácter Nº 105), representando una tarjeta
107		Derecho / vertical / sincero / enderezar	Diez (carácter Nº 4), ojos (carácter Nº33) observando algo, lo que sugiere derecho, directo
108		Herramienta / habilidad / poseer	Pictograma que representa un herramienta
109		Realmente / verdaderamente / de hecho / real / verdad / genuino	El pictograma original sugiere algo que ha sido destapado o descubierto, lo que sugiere la realidad
110		Unidad de longitud / pulgada / pulgar	Pictograma de una mano y una herramienta, lo que representa una medida o una unidad
111		Correcto / ser lo opuesto / enfrentar / versus / para / vertical	Mano (carácter Nº 77) y el símbolo de medida (carácter Nº 110), lo que sugiere "correcto" (t: 對)
112		Indicador de acción y experiencia / cruzar / repasar / examinar / pasar (tiempo)	Raíz que denota movimiento y el símbolo de medida (carácter Nº 110), lo que sugiere tiempo (t: 過)
113		En punto / tiempo / cuando / hora / periodo	Día de la semana (carácter Nº 37) y el símbolo de medida (carácter Nº 110), lo que sugiere tiempo (t: 時)

#	CARÁCTER	SIGNIFICADO	DESCRIPCIÓN Y EXPLICACIÓN
114		Aldea	Madera (carácter Nº 28) con la partícula fonética 寸 (fonética se explicará en lecciones subsiguientes)
115		Árbol	Madera (carácter Nº 28) y vertical (carácter Nº 111) (t: 樹)
116		Caparazón de un crustáceo / dinero	Pictograma de la caparazón de un marisco (t: 貝)
117		Ver / encontrarse con / aparecer	Un ojo 目 (carácter Nº 33) sobre una persona 儿; (t: 見)
118		Caro / noble	Pictograma de una canasta de dinero (caparazones) (t: 貴)
119		Aparecer / presente / existiendo / corriente	Jade 玉 que puede ser visto (carácter Nº 117) (t: 現)
120		De pie, recto	Persona de pie en una posición erguida en el suelo
121		Maternidad / reproducir / producir / producto	La forma tradicional 產, la que sugiere nacimiento con la partícula fonética XXX (fonética se explicará en lecciones subsiguientes)
122		Posición / ubicación / lugar / asiento	Una persona (carácter Nº 5) de pie en un lugar determinado (carácter Nº 120)

#	CARÁCTER	SIGNIFICADO	DESCRIPCIÓN Y EXPLICACIÓN
123		Estación / pararse / parar / detener	De pie y la partícula fonética 占 (carácter Nº 17) (fonética se explicará en lecciones subsiguientes)
124		Pequeño / minúsculo / poco / joven	Un objeto roto en dos partes pequeñas
125		Menos / Poco / pequeño / hacer falta; juventud	Quitar de lo que ya era pequeño (carácter Nº 124)
126		Punta (de una aguja) / afilado / puntiagudo	Pequeño 小 (carácter Nº 124) y grande 大 (carácter Nº 7)
127		Atardecer / anochecer	Pictograma de una luna creciente
128		Mucho / tanto / un montón	Muchas lunas (carácter Nº 127)
129		Nombre / sustantivo / famoso	Identificar en la oscuridad (anochecer, (carácter Nº 127), lo que sugiere un nombre
130		Oración / cláusula / frase	Pictograma que sugiere palabras de la boca (carácter Nº 45) y que forman una oración

LECCIÓN 6: TEST 2

En la tabla siguiente, sin mirar a la lección estudiada, escribe el significado de cada carácter chino dado.

#	CARÁCTER	SIGNIFICADO	DESCRIPCIÓN Y EXPLICACIÓN
100	户		Pictograma de una puerta, lo que representa un hogar o familia
101	万		La forma tradicional es: 萬 ; la forma moderna no esta relacionada con el significado original
102	方		Pictograma de una persona dando instrucciones o direcciones
103	房		Pictograma de un hogar (carácter Nº100) y un lugar (carácter Nº 102)
104	上		Un símbolo de una cosa encima de otra o de algo señalando hacia arriba
105	下		Lo contrario del carácter Nº 104 (Arriba)
106	卡		Pictograma de un mecanismo diseñado para prevenir el ascenso (carácter Nº 104) o descenso de algo (carácter Nº 105), representando una tarjeta
107	直		Diez (carácter Nº 4), ojos (carácter Nº33) observando algo, lo que sugiere derecho, directo
108	具		Pictograma que representa un herramienta

#	CARÁCTER	SIGNIFICADO	DESCRIPCIÓN Y EXPLICACIÓN
109	真		El pictograma original sugiere algo que ha sido destapado o descubierto, lo que sugiere la realidad
110	寸		Pictograma de una mano y una herramienta, lo que representa una medida o una unidad
111	对		Mano (carácter Nº 77) y el símbolo de medida (carácter Nº 110), lo que sugiere "correcto" (t: 對)
112	过		Raíz que denota movimiento y el símbolo de medida (carácter Nº 110), lo que sugiere tiempo (t: 過)
113	时		Día de la semana (carácter Nº 37) y el símbolo de medida (carácter Nº 110), lo que sugiere tiempo (t: 時)
114	村		Madera (carácter Nº 28) con la partícula fonética 寸 (fonética se explicará en lecciones subsiguientes)
115	树		Madera (carácter Nº 28) y vertical (carácter Nº 111) (t: 樹)
116	贝		Pictograma de la caparazón de un marisco (t: 貝)
117	见		Un ojo 目 (carácter Nº 33) sobre una persona 儿; (t: 見)
118	贵		Pictograma de una canasta de dinero (caparazones) (t: 貴)

#	CARÁCTER	SIGNIFICADO	DESCRIPCIÓN Y EXPLICACIÓN
119	现		Jade 玉 que puede ser visto (carácter Nº 117) (t: 現)
120	立		Persona de pie en una posición erguida en el suelo
121	产		La forma tradicional 產, la que sugiere nacimiento con la partícula fonética XXX (fonética se explicará en lecciones subsiguientes)
122	位		Una persona (carácter Nº 5) de pie en un lugar determinado (carácter Nº 120)
123	站		De pie y la partícula fonética 占 (carácter Nº 17) (fonética se explicará en lecciones subsiguientes)
124	小		Un objeto roto en dos partes pequeñas
125	少		Quitar de lo que ya era pequeño (carácter Nº 124)
126	尖		Pequeño 小 (carácter Nº 124) y grande 大 (carácter Nº 7)
127	夕		Pictograma de una luna creciente
128	多		Muchas lunas (carácter Nº 127)
129	名		Identificar en la oscuridad (anochecer, (carácter Nº 127), lo que sugiere un nombre
130	句		Pictograma que sugiere palabras de la boca (carácter Nº 45) y que forman una oración

CHINO PRÁCTICO

Considerando los 2+1 caracteres seleccionados: ¿A qué clase de producto se refieren las noticias?

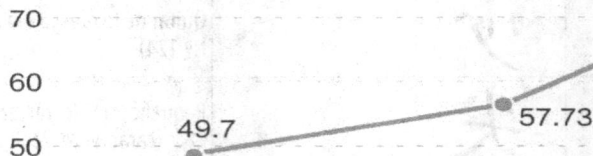

Considerando el carácter seleccionado: ¿A qué clase de producto se refiere el reporte estadístico?

Considerando los caracteres seleccionados: ¿Dónde se ha tomado esta fotografía?

LECCIÓN 7

Definición	Siete
La evolución del carácter	十　十　七　七
El orden de los trazo	一　七
Chino proverbio	七零八落

MODISMOS DEL IDIOMA CHINO

Chengyu 成语, que literalmente significa "frases hechas", son una clase de expresiones idiomáticas Chinas o proverbios, que usualmente están compuestas de cuatro caracteres. Los Chengyu -se usaron extendidamente en los clásicos Chinos y son usados todavía en el idioma Chino vernáculo y en el habla China moderna. De acuerdo con las definiciones mas estrictas hay cerca de 5,000 Chengyu en el idioma Chino, aunque algunos diccionarios catalogan mas de 20,000. Los Chengyu provienen en su mayoría de la literatura China antigua. El significado de un Chengyu usualmente sobrepasa la suma total del significado de los cuatro caracteres que los componen. Esto se debe a que el significado completo de un Chengyu esta ligado y relacionado con los mitos, leyendas o acontecimientos históricos en los que el Chengyu tiene su origen. Los Chengyu a menudo no están sujetos a las estructuras gramaticales o a la sintaxis del idioma Chino moderno, pero tienen una estructura muy compacta y tienen abundante significado.

El ejemplo siguiente demuestra como el significado de los Chengyu puede ser completamente diferente aun si se cambiara solo uno de esos cuatro caracteres.

一 (yí) 日 (rì) 千 (qiān) 秋 (qiū): «*Un día,* **mil otoños**»
Su significado es que un día puede estar tan lleno de cambios y situaciones imprevistas que un día es como mil años.

一 (yí) 日 (rì) 千 (qiān) 里 (lǐ): «*Un día,* **mil kilómetros**»
Este Chengyu ilustra un ritmo de progreso muy rápido, similar a recorrer una distancia muy grande en solo un día.

一 (yí) 日 (rì) 三 (sān) 秋 (qiū): «*Un día,* **tres** *otoños*»
En este caso, el significado es el de echar de menos o extrañar a alguien enormemente; un día parece ser tres otoños.

LISTA DE CARACTERES CHINOS DEL Nº 131 AL Nº 156

La lista siguiente es una selección muy importante de caracteres usados en la vida diaria. Estos no están necesariamente conectados el uno con el otro de una manera lógica, pero se recomienda el aprenderlos, ya que son tan importantes como "yo", "tu", "ser" o "poder" son en el Español.

#	CARÁCTER	FORMA ANTIGUA	SIGNIFICADO	DESCRIPCIÓN Y EXPLICACIÓN
131	不	𣎴	(Prefijo negativo) / no	No tiene una explicación sencilla, pero es un carácter importante
132	还	還	Aun / todavía / además de	No tiene una explicación sencilla, pero es un carácter importante
133	看	𥆧	Ver / mirar / visitar / según / depender de / pensar	Una mano cubriendo los ojos del sol (carácter Nº 33); mirar, ver
134	会	會	Poder / Ser capaz / ser posible / encontrar	No tiene una explicación sencilla, pero es un carácter importante
135	我	𢦠	Yo / mi / mío	Pictograma de una mano sujetando una lanza
136	你	伱	Tu	Una persona (carácter Nº 5) con partícula fonética 尔 (fonética se explicará en lecciones subsiguientes)
137	也	𠃌	También / además	No tiene una explicación sencilla, pero es un carácter importante

#	CARÁCTER	FORMA ANTIGUA	SIGNIFICADO	DESCRIPCIÓN Y EXPLICACIÓN
138	地		Tierra / suelo / terreno / lugar; -isimo (adjetivo)	Tierra (carácter Nº 13) con partícula fonética 也 (fonética se explicará en lecciones subsiguientes)
139	他		El / lo / le	Una persona (carácter Nº 5) con partícula fonética 也 (fonética se explicará en lecciones subsiguientes)
140	她		Ella / la /le	Una mujer (carácter Nº 53) con partícula fonética 也 (fonética se explicará en lecciones subsiguientes)
141	它		Lo (usado para animales o cosas) / su / sus	Pictograma de una serpiente
142	东		Este (punto cardinal) / anfitrión / dueño	La versión tradicional 東; el sol levantándose detrás de un árbol
143	南		Sur	Pictograma de un instrumento musical antiguo
144	西		Oeste	Pictograma de un pájaro descansando en una rama, lo que sugiere la puesta del sol, y por lo tanto el Oeste
145	北		Norte	Pictograma que representa dos personas espalda a espalda
146	要		Querer / tener que / ir a / deber	Pictograma de dos manos sujetando a una mujer, lo que sugiere "deseando"
147	前		Antes / en frente / hace tiempo / pasado / previo	Pictograma que representa un movimiento hacia adelante, lo que sugiere a parte delantera de algo

#	CARÁCTER	FORMA ANTIGUA	SIGNIFICADO	DESCRIPCIÓN Y EXPLICACIÓN
148	后		Detrás / por detrás/ luego / después / mas tarde	Una persona (carácter Nº 5) inclinándose hacia adelante para dar ordenes (carácter Nº 45) (t: 後)
149	左		Izquierda	Mano (carácter Nº 77) ayudando con el trabajo; lo que sugiere la mano izquierda
150	右		Derecha	Mano (carácter Nº 77) trabajando con una boca; lo que sugiere la mano derecha
151	中		Centro / central / medio	Una flecha atravesando el centro de un blanco o; 口 no representa en este caso una boca ni un limite o frontera
152	很		Muy/ Totalmente / completamente / muchísimo	Pictogr diana ama que sugiere un movimiento rápido con la partícula fonética 艮 (fonética se explicará en lecciones subsiguientes)
153	春		Primavera	El sol estimulando el crecimiento de plantas
154	夏		Otoño	Los tallos del trigo incinerados después de a cosecha del otoño
155	秋		Automne	No tiene una explicación sencilla
156	冬		Otoño	Pictograma que representa el frío 冫 (carácter Nº 86); fin del año (En el calendario tradicional chino el año termina al principio de la primavera)

Tabla 8 : Lista de caracteres Chinos del Nº 131 al Nº 156

LECCIÓN 7: ORDEN DE LOS TRAZOS

La tabla siguiente muestra el orden de los trazos de cada uno de los nuevos caracteres presentados en esta lección. Ahora puedes practicarlos.

不	一	丆	不	不					
还	不	还							
看	一	二	三	手	看				
会	人	스	숭	会	会				
我	一	二	于	手	我	我	我		
你	亻	亻	伱	你					
也	一	切	也						
地	土	地							
他	亻	他							
她	女	她							
它	宀	宀	它						
东	一	左	车	东	东				
南	十	冎	冎	冎	南	南			
西	一	冂	丙	西	西				
北	丨	十	北	北	北				
要	覀	要							

前	丶	丷	亠	前	前	前			
后	一	厂	尸	后					
左	ナ	圹	左	左					
右	ナ	右							
中	口	中							
很	丶	彳	彳	彳	彳	很			
春	三	声	夫	春					
夏	百	頁	夏						
秋	禾	禾	禾	秒	秋				
冬	丿	夂	冬	冬					

LECCIÓN 7: TEST 1

En la tabla siguiente, sin mirar a la lección estudiada, escribe cada uno de los caracteres de acuerdo a su significado.

#	CARÁCTER	SIGNIFICADO	DESCRIPCIÓN Y EXPLICACIÓN
131		(Prefijo negativo) / no	No tiene una explicación sencilla, pero es un carácter importante
132		Aun / todavía / además de	No tiene una explicación sencilla, pero es un carácter importante

#	CARÁCTER	SIGNIFICADO	DESCRIPCIÓN Y EXPLICACIÓN
133		Ver / mirar / visitar / según / depender de / pensar	Una mano cubriendo los ojos del sol (carácter Nº 33); mirar, ver
134		Poder / Ser capaz / ser posible / encontrar	No tiene una explicación sencilla, pero es un carácter importante
135		Yo / mi / mío	Pictograma de una mano sujetando una lanza
136		Tu	Una persona (carácter Nº 5) con partícula fonética 尔 (fonética se explicará en lecciones subsiguientes)
137		También / además	No tiene una explicación sencilla, pero es un carácter importante
138		Tierra / suelo / terreno / lugar; -isimo (adjetivo)	Tierra (carácter Nº 13) con partícula fonética 也 (fonética se explicará en lecciones subsiguientes)
139		El / lo / le	Una persona (carácter Nº 5) con partícula fonética 也 (fonética se explicará en lecciones subsiguientes)
140		Ella / la /le	Una mujer (carácter Nº 53) con partícula fonética 也 (fonética se explicará en lecciones subsiguientes)
141		Lo (usado para animales o cosas) / su / sus	Pictograma de una serpiente

#	CARÁCTER	SIGNIFICADO	DESCRIPCIÓN Y EXPLICACIÓN
142		Este (punto cardinal) / anfitrión / dueño	La versión tradicional 東; el sol levantándose detrás de un árbol
143		Sur	Pictograma de un instrumento musical antiguo
144		Oeste	Pictograma de un pájaro descansando en una rama, lo que sugiere la puesta del sol, y por lo tanto el Oeste
145		Norte	Pictograma que representa dos personas espalda a espalda
146		Querer / tener que / ir a / deber	Pictograma de dos manos sujetando a una mujer, lo que sugiere "deseando"
147		Antes / en frente / hace tiempo / pasado / previo	Pictograma que representa un movimiento hacia adelante, lo que sugiere a parte delantera de algo
148		Detrás / por detrás / luego / después / mas tarde	Una persona (carácter Nº 5) inclinándose hacia adelante para dar ordenes (carácter Nº 45) (t: 後)
149		Izquierda	Mano (carácter Nº 77) ayudando con el trabajo; lo que sugiere la mano izquierda
150		Derecha	Mano (carácter Nº 77) trabajando con una boca; lo que sugiere la mano derecha

#	CARÁCTER	SIGNIFICADO	DESCRIPCIÓN Y EXPLICACIÓN
151		Centro / central / medio	Una flecha atravesando el centro de un blanco o; 口 no representa en este caso una boca ni un limite o frontera
152		Muy/ Totalmente / completamente / muchísimo	Pictogr diana ama que sugiere un movimiento rápido con la partícula fonética 殳 (fonética se explicará en lecciones subsiguientes)
153		Primavera	El sol estimulando el crecimiento de plantas
154		Otoño	Los tallos del trigo incinerados después de a cosecha del otoño
155		Automne	No tiene una explicación sencilla
156		Otoño	Pictograma que representa el frío 冫 (carácter Nº 86); fin del año (En el calendario tradicional chino el año termina al principio de la primavera)

LECCIÓN 7: TEST 2

En la tabla siguiente, sin mirar a la lección estudiada, escribe el significado de cada carácter chino dado.

#	CARÁCTER	SIGNIFICADO	DESCRIPCIÓN Y EXPLICACIÓN
131	不		No tiene una explicación sencilla, pero es un carácter importante
132	还		No tiene una explicación sencilla, pero es un carácter importante
133	看		Una mano cubriendo los ojos del sol (carácter Nº 33); mirar, ver
134	会		No tiene una explicación sencilla, pero es un carácter importante
135	我		Pictograma de una mano sujetando una lanza
136	你		Una persona (carácter Nº 5) con partícula fonética 尔 (fonética se explicará en lecciones subsiguientes)
137	也		No tiene una explicación sencilla, pero es un carácter importante
138	地		Tierra (carácter Nº 13) con partícula fonética 也 (fonética se explicará en lecciones subsiguientes)
139	他		Una persona (carácter Nº 5) con partícula fonética 也 (fonética se explicará en lecciones subsiguientes)
140	她		Una mujer (carácter Nº 53) con partícula fonética 也 (fonética se explicará en lecciones subsiguientes)

#	CARÁCTER	SIGNIFICADO	DESCRIPCIÓN Y EXPLICACIÓN
141	它		Pictograma de una serpiente
142	东		La versión tradicional 東; el sol levantándose detrás de un árbol
143	南		Pictograma de un instrumento musical antiguo
144	西		Pictograma de un pájaro descansando en una rama, lo que sugiere la puesta del sol, y por lo tanto el Oeste
145	北		Pictograma que representa dos personas espalda a espalda
146	要		Pictograma de dos manos sujetando a una mujer, lo que sugiere "deseando"
147	前		Pictograma que representa un movimiento hacia adelante, lo que sugiere a parte delantera de algo
148	后		Una persona (carácter Nº 5) inclinándose hacia adelante para dar ordenes (carácter Nº 45) (t: 後)
149	左		Mano (carácter Nº 77) ayudando con el trabajo; lo que sugiere la mano izquierda
150	右		Mano (carácter Nº 77) trabajando con una boca; lo que sugiere la mano derecha

#	CARÁCTER	SIGNIFICADO	DESCRIPCIÓN Y EXPLICACIÓN
151	中		Una flecha atravesando el centro de un blanco o; 口 no representa en este caso una boca ni un limite o frontera
152	很		Pictogr diana ama que sugiere un movimiento rápido con la partícula fonética 艮 (fonética se explicará en lecciones subsiguientes)
153	春		El sol estimulando el crecimiento de plantas
154	夏		Los tallos del trigo incinerados después de a cosecha del otoño
155	秋		No tiene una explicación sencilla
156	冬		Pictograma que representa el frío 冫 (carácter Nº 86); fin del año (En el calendario tradicional chino el año termina al principio de la primavera)

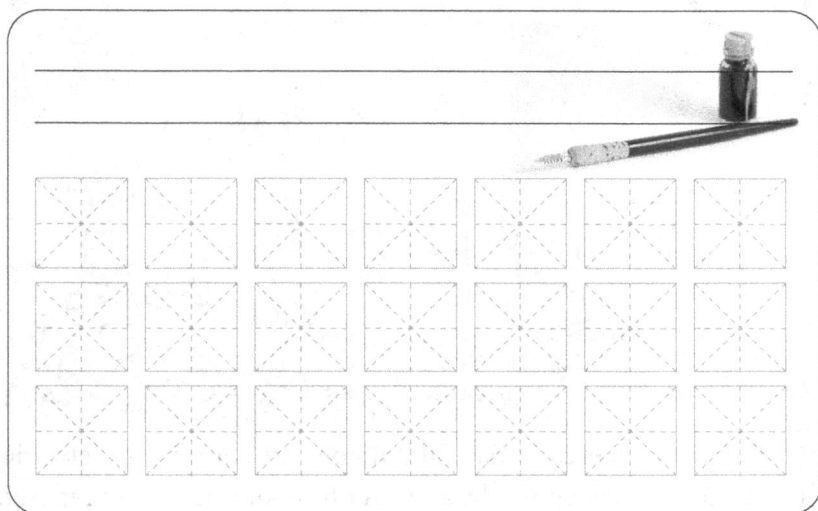

CHINO PRÁCTICO

De acuerdo con los 2 caracteres rodeados con un circulo la escena representa "de vuelta a casa". ¿Qué insinúan los 4 caracteres seleccionados?

El anuncio es acerca de las dificultades en comprar billetes de tren durante cierta época del año. ¿A qué época del año se refiere?

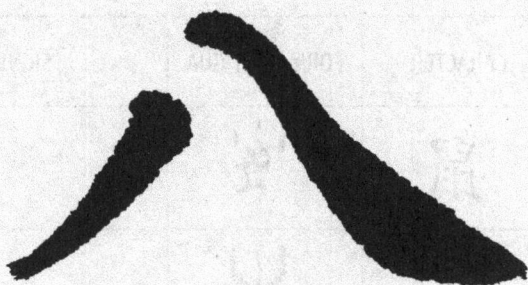

Definición	Ocho
La evolución del carácter	
El orden de los trazo	
Chino proverbio	八而威风

LA ASTROLOGÍA CHINA Y EL USO DE LA RAÍZ 'ANIMAL'

En la sección "Raíces" de la lección 2 se ha estudiado acerca de las raíces de los caracteres, las que son una parte importante del sistema de escritura China. En esta lección profundizaremos este tema y analizaremos los doce animales que forman parte de los signos de la astrología China.

#	CARÁCTER	FORMA ANTIGUA	SIGNIFICADO
157	鼠		Rata
158	牛		Buey
159	虎		Tigre
160	兔		Conejo
161	龙		Dragón (t: 龍)
162	蛇		Serpiente
163	马		Caballo (t: 馬)

#	CARÁCTER	FORMA ANTIGUA	SIGNIFICADO
164	羊	𐀃	Oveja
165	猴	𤠣	Mono
166	鸡	𩿠	Ave (Gallina) (t: 雞)
167	狗	𤟁	Perro
168	猪	𤣩	Cerdo (t: 豬)

Tabla 9 : Lista de caracteres Chinos del Nº 157 al Nº 168

Ya conoces tres de los caracteres de estos doce animales, los que son 马 (t: 馬, cheval), 牛 (buey) y 羊 (oveja). A continuación estudiaremos estos doce caracteres para ilustrar y repasar el principio de la clasificación de caracteres de acuerdo con sus raíces. Ya hemos visto este principio de clasificación en el caso de la raíz "madera" (木), la que a menudo indica que aquellas combinaciones que usan esa raíz están relacionadas con un bosque o con la madera, o con la construcción. La raíz "animal" (犭) es aun más útil que la raíz de "madera". Los diccionarios enumeran más de cien caracteres que usan la raíz "animal" y casi todos estos se refieren a alguna clase de animal. Pero en el caso de la raíz "madera", aunque tiene una cantidad doble de caracteres que la utilizan, solo unos pocos de aquellos tiene un significado directamente relacionado a la madera.

La raíz "pez" (t: 鱼) es también muy útil, ya que también la mayoría de los caracteres que la usan representan de hecho el nombre de un pez. (Una excepción es el carácter 鳄, que significa un cocodrilo. Este carácter es una combinación que consiste de la raíz "pez" a la izquierda (lo que indica que el carácter esta relacionado a un animal acuático) mas un bosquejo de una bestia con dos cuadrados encima, los que representan las escamas que forman la 'caparazón' del cocodrilo).

De hecho, en casi cada caso en que se encuentra la raíz "pez" en un carácter, el carácter se refiere a un pez, aunque no sepamos su nombre en español o en chino!

Las combinaciones que representan 猪 (t: 豬, cerdo), 猴 (mono) and 狗 (perro) todas incluyen la raíz "animal" (犭) lo que indica que estos caracteres pertenecen a la categoría de la fauna. Por ahora, no prestaremos atención a la parte derecha de estos caracteres, ya que representan el sonido o la pronunciación del carácter. Estudiaremos el principio de la fonética en el futuro.

Los caracteres para otros signos del zodiaco Chino confirman que útil que es el conocer la raíz "animal":

鸟 ⇨	鸡

鸡 (t: 雞) significa "'gallina". Esta combinación usa la raíz "ave" (鸟). La gran mayoría de los caracteres que usan esta raíz están relacionados con alguna clase de ave.

虫 ⇨	蛇

蛇 (serpiente) usa la raíz 虫, que indica una variedad de vida animal, tales como ranas, serpientes, insectos y mariposas. Cerca de la mitad de los caracteres que usan esta raíz se refieren a animales. De hecho, se podría llamar a esta raíz la raíz "insecto", aunque también se usa en caracteres que se refieren a criaturas del reino animal que no son insectos.

鼠   ⇨   鼢

鼠 significa rata o ratón; 鼢 es una variedad de topo. Originalmente 鼠 era un bosquejo que delineaba la cabeza de un animal, con bigotes, dientes y una cola.

虍   ⇨   虎

虍 significa las marcas o rayas en la piel de un tigre; 虎 significa tigre. Originalmente 虎 era un bosquejo de un animal con rayas o marcas en la piel.

刀   ⇨   兔

兔 es un bosquejo de uno de esos animales agazapado, atento al peligro. Hay varios caracteres que usan esta raíz, pero solo unos pocos se refieren a animales. 冤 significa injusticia, y representa un conejo en una jaula. La mayoría de estas raíces se han utilizado y se han tomado prestadas por su sonido y no por su significado.

龙 (t: 龍) es una raíz y también un carácter. Significa "dragón", la que es una de as palabras mas usadas en el léxico Chino. En el curso de los últimos tres mil años se ha divorciado casi completamente de su diseño pictográfico original. Muy pocos de los caracteres que usan esta raíz están relacionados al significado de "dragón", pero la raíz se usa principalmente como un partícula fonética.

Podemos ver en los caracteres que se usan en los símbolos del zodiaco que las raíces se usan a menudo en combinaciones no solo para indicar el significado de un carácter, pero también para sugerir la pronunciación del mismo.

Hasta este punto no hemos estudiado la importancia del sonido en los caracteres, pero a partir de la lección siguiente se aprenderá acerca de ello. Evidentemente, aprender el sonido no es muy importante a los principiantes del estudio del idioma Chino, que no están aun familiarizados con la pronunciación del idioma.

LECCIÓN 8: ORDEN DE LOS TRAZOS

La tabla siguiente muestra el orden de los trazos de cada uno de los nuevos caracteres presentados en esta lección. Ahora puedes practicarlos.

鼠	丆	冂	臼	臼	臼	臼	鼠	鼠	

牛	丿	⺧	牛						
虎	⼕	⺢	广	虍	虗	虎			
兔	丿	⺈	刍	兔	免	兔			
龙	𠂇	龙	龙						
蛇	虫	虫	虫	蛇					
马	乛	马	马						
羊	丶	丷	兰	羊					
猴	丿	犭	犭	犭	犷	犷	犷	猴	
鸡	又	又	又	又	鸡	鸡			
狗	犭	狗							
猪	犭	犭	犸	猪					

LECCIÓN 8: TEST 1

En la tabla siguiente se presentan nuevos caracteres que no hemos estudiado todavía. De acuerdo con la *"Tabla 2: Ejemplos de raíces comunes"* en la página 29 y *"Tabla 9: Lista de caracteres chinos del Nº 157 al Nº 168"* en la página 102, escribe la raíz de cada carácter y selecciona la categoría apropiada.

Recuerda que la raíz no siempre da una clave acerca del verdadero significado de los caracteres. Véase las respuestas en *"Claves del Examen 2"* en la página 170.

#	RAÍZ	SIGNIFICADO	EJEMPLO
1		☐ Madera ☐ Animal	犳
2		☐ Agua ☐ Lenguaje	讯
3		☐ Animal ☐ Raíz	羚
4		☐ Pescado ☐ Lenguaje	鲐
5		☐ Planta ☐ Casa	花
6		☐ Animal ☐ Pelo	彪
7		☐ Árbol ☐ Animal	驼
8		☐ Enfermedad ☐ Clima	疬
9		☐ Ojo ☐ Comida	盲
10		☐ Animal ☐ Tela	狍
11		☐ Animal ☐ Flor	牡
12		☐ Terreno ☐ Hielo	男
13		☐ Techo ☐ Instrumento musical	官
14		☐ Liquido ☐ Puerta	闯
15		☐ Techo ☐ Bailarín	家

CHINO PRÁCTICO

Escribe que animales representan los caracteres dados.

鼠	龙	猴	兔
牛	蛇	鸡	羊
虎	马	狗	猪

De acuerdo con los caracteres seleccionados: ¿Qué animal representa el año 2010 en el calendario astrológico chino?

九

Definición	Nueve, muchos, numerosos
La evolución del carácter	𠂊 𠃌 九 九
El orden de los trazo	ノ 九
Chino proverbio	九牛一毛

DIALECTOS, SONIDOS, ORTOGRAFÍA Y PRESTAMOS POR RAZONES FONÉTICAS

PUTONG HUA: EL LENGUAJE HABLADO OFICIAL DE LA CHINA

Putong Hua, 普通话, es el idioma oral moderno oficial que se basa en el dialecto de Pekín y que ahora es usado en toda la China. Sin embargo, hasta la segunda mitad del siglo veinte la gente china de las diferentes regiones del país se comunicaba usando el lenguaje escrito, ya que en cada región generalmente se hablaba un propio 'dialecto' o lenguaje local.

Aunque el idioma escrito, era usado y aprendido solo por una minoría de intelectuales, oficiales del gobierno y literatos, se usaba a través de la China como medio de comunicación. Por lo tanto, la escritura china cumplía la misma función en la China, que el latín cumplió en el imperio romano. Estos facilitaban la comunicación de la gente educada en esos imperios, a pesar de su lengua materna u origen.

Los así llamados dialectos del sur de China, tales como el cantones, hakka, hokkien, teochew, shanghaines y hainanes son tan diferentes el uno con el otro, como lo es el italiano al francés o como el ingles es al alemán. A pesar de que estos 'dialectos' comparten raíces no son entendidos por la gente de las diferentes provincias chinas.

En las archivos estadísticos chinos de los años noventa (1990) hay registrados mas de ochenta dialectos. Ya que hasta mediados del siglo veinte, la gente que solo hablaba uno de esos dialectos no pudio comunicarse con la gente de otras provincias (a menos que usaran el idioma escrito) el gobierno Chino ha promovido el uso del Putong Hua (el dialecto de Pekín) como lengua oficial.

La tabla siguiente ilustra la diferencia en pronunciación entre un dialecto y otro. Hemos tratado de reproducir la pronunciación de estos caracteres del dialecto cantones y del putong hua en sonidos similares al español para demostrar la diferencia en la pronunciación.

#	CARÁCTER	PINYIN	MANDARÍN	CANTONES
1	一	yī	ii	yat
2	二	èr	ar	yee
3	三	sān	san	saam
4	四	sì	ze	say
5	五	wǔ	wu	ng
6	六	liù	liu	lak
7	七	qī	chi	chat
8	八	bā	ba	baat
9	九	jiǔ	chio	gau
10	十	shí	she	sap

Tabla 10 : Pronunciación en pinyin, putong hua y cantones

EL CHINO SIMPLIFICADO: EL NUEVO IDIOMA ESCRITO

Hasta principios del siglo veinte, aquellos pocos que podían leer la escritura china 文言文 (wen yan wen) podían entender al menos parte de las obras clásicas chinas. Se podría comparar al hecho de que aquellos que saben el ingles moderno todavía pueden leer las obras clásicas de Beowulf, Chaucer y Shakespeare, a pesar de los siglos que han transcurrido desde que fueron escritas.

Sin embargo, la escritura tradicional china (wen yan wen) era un lenguaje conciso, sucinto y erudito, el que era muy difícil de dominar para el público en general. Por lo tanto, era una meta de muchos de los reformistas chinos el simplificar el idioma escrito literario.

Después de la revolución de 1911, los intelectuales chinos desarrollaron un estilo nuevo de escritura que era más accesible para las masas chinas. El nuevo estilo fue llamado 白话文 (bai hua wen), que significa literalmente 'habla blanca (o directa)', también llamado el lenguaje de la gente. Este ayudo a popularizar la lectura de periódicos, novelas y obras de teatro. Muchos de aquellos intelectuales chinos promovieron no solo la simplificación de los caracteres sino que también su completa erradicación.

El gobierno de la Republica Popular China publicó el primer documento oficial acerca de la simplificación de los caracteres en 1956.

Sin embargo, el proceso de la simplificación relegó la lectura de la mayoría de las obras clásicas al olvido, ya que pocos podían leer los caracteres clásicos. En un sentido, esto fue similar a lo que ocurrió con el uso del latín en la literatura europea. Hasta el siglo diecinueve, toda persona educada podía leer el latín y escritores citaban textos en latín sin tener que proveer una traducción al español o a otros idiomas europeos. Hoy esto seria imposible.

EL SISTEMA PINYIN DE ESCRITURA FONÉTICA

A mediados de los años 1950 se estableció una comisión china para crear un sistema de transcripción de los caracteres chinos del nuevo lenguaje nacional (Putong Hua) al alfabeto romano. El resultado fue el Pinyin, que significa literalmente 'organizar o combinar sonidos', el que se considera muy efectivo. Por supuesto, el Pinyin, como ya ha ocurrido en el proceso de romanización de otros lenguajes, no pudo proveer una substitución completamente eficaz de la escritura tradicional, ya que muchos caracteres que se escriben de una manera diferente tienen la misma pronunciación. Por ejemplo, en la escritura tradicional 人 (una persona) y 仁 (benevolencia) se escriben de diferente manera, pero en el pinyin tienen la misma pronunciación y la misma escritura..

Sin embargo, en el idioma chino este es un problema más grande. Por ejemplo, la base de datos Unihan incluye 448 caracteres chinos que se escriben y se pronuncian 'ji' en pinyin. Esta es una cantidad asombrosa de caracteres que se pronuncian similarmente.

De estos 448 caracteres, 126 usan "ji" con el primer tono (jī) (véase la lección 10 "La función del sonido en la escritura China" acerca de los tonos en la pronunciación), 143 usan "ji" con el segundo tono (jí), 44 usan "ji" con el tercer tono (jǐ), y 162 usan "ji" con el cuarto tono (jì). Este mismo sonido incluye significados tan diversos tales como una pequeña mesa (几), ritmo (击), maquina (机), gallina (鸡), impaciente (急), etc. Afortunadamente, en el contexto de una oración a menudo se puede conocer a cual significado se refiere ya que cuando dos sonidos se juntan forman una palabra de dos silabas.

CHINO PRÁCTICO

En la tabla siguiente escribe el nombre de cada una de las 4 estaciones en caracteres chinos.

Primavera:	
Verano:	
Otoño:	
Invierno:	

Escribe en caracteres chinos los nombres de los cuatro puntos cardinales, norte, sur, este y oeste.

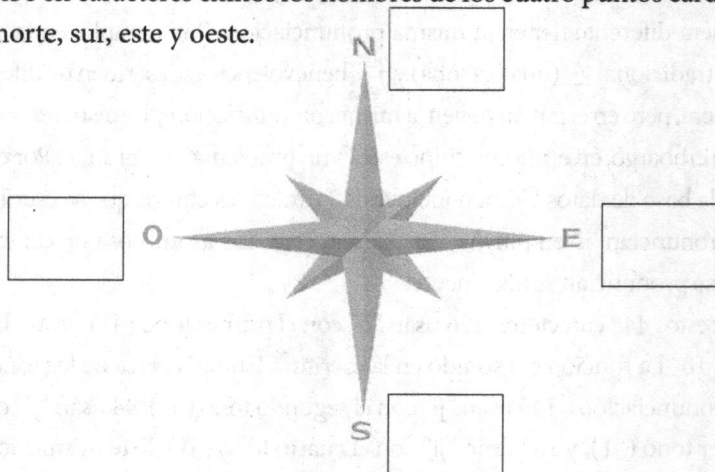

Definición	Diez, completo
La evolución del carácter	丨 丶 十 十
El orden de los trazo	一 十
Chino proverbio	十全十美

LA FUNCIÓN DEL SONIDO EN LA ESCRITURA CHINA

Hemos reservado el tema de la pronunciación y el sonido hasta el final de este primer libro ya que nos hemos concentrado en los caracteres chinos. Aun en el caso de que ya habríamos conocido un poco de la pronunciación y su sonido, no nos hubiera ayudado a analizar los caracteres ni a entenderlos. En el peor de los casos, nos hubiera confundido. La hora ha llegado de presentar el "sonido".

EL SISTEMA DE TONOS

El uso de tonos en los idiomas occidentales y en el español esta relacionado a la expresión de diferentes humores y animo y para poner énfasis.

Algunos ejemplos en el español son:

- ¿Seguro?   ↗   en una pregunta
- Seguro   →   como una observación neutral
- ¡Seguro!   ↘   en exasperación

Sin embargo, en el idioma chino los tonos se usan para expresar el significado de un carácter. En pinyin, dos palabras que se deletrean de la misma manera pero que usan un tono diferente tienen un significado completamente diferente. El mandarín usa cuatro tonos y un quinto tono neutral:

A continuación se ilustran los cuatro tonos del lenguaje mandarín.
NOTA

PRIMER TONO	SEGUNDO TONO	TERCER TONO	CUARTO TONO

TIEMPO

Veamos el monosílabo "ma" como un ejemplo del uso de los tonos:

- mā, 妈,   primer tono,   madre
- má, 麻,   segundo tono,   cáñamo
- mǎ, 马,   tercer tono,   caballo
- mà, 骂,   cuarto tono,   maldecir
- ma, 吗,   tono neutral,   partícula interrogativa

Si se usase el tono incorrecto habría una gran posibilidad de que se malinterprete lo que se dijera, o de que causara gracia, o consternación.

Es muy importante aprender a pronunciar correctamente y de recordar los tonos, pero desafortunadamente hay pocas personas extranjeras que recuerdan claramente el tono de cada silaba o palabra que aprenden.

El aprendizaje correcto de los tonos no es tanto un ejercicio intelectual como lo es un ejercicio de imitación y practica. Sugerimos que se aprendan los tonos de los caracteres que hemos estudiado en este primer libro.

Debe recordarse que la meta de las primeras lecciones de este libro no fue la de enfocarse en el sonido de los caracteres, pero la de proveer una manera eficiente y sencilla de aprender y recordar el significado de los caracteres de acuerdo a sus estructuras. Sin embargo hemos llegado al punto en que se debe tomar el primer paso en el aprendizaje de la pronunciación y de los sonidos del lenguaje mandarín.

En la tabla siguiente se da el significado, el pinyin y el tono correspondiente para cada uno de los caracteres que ya hemos aprendido·

#	CAR.	PINYIN	SIGNIFICADO		#	CAR.	PINYIN	SIGNIFICADO
1	一	yī	Uno		15	广	guǎng	Extenso
2	二	èr	Dos		16	座	zuò	Asiento
3	三	sān	Tres		17	占	zhàn	Ocupar
4	十	shí	Diez		18	点	diǎn	Poco / pedir
5	人	rén	Persona		19	店	diàn	Tienda
6	个	gè	Individuo		20	床	chuáng	Cama
7	大	dà	Grande		21	去	qù	Ir
8	太	tài	Demasiado		22	在	zài	Estar en
9	天	tiān	Cielo, día		23	王	wáng	Rey
10	从	cóng	Seguir		24	主	zhǔ	Dueño
11	内	nèi	Adentro		25	住	zhù	Vivir
12	肉	ròu	Carne		26	国	guó	País
13	土	tǔ	Tierra		27	因	yīn	Causa
14	坐	zuò	Sentarse		28	木	mù	Árbol

#	CAR.	PINYIN	SIGNIFICADO	#	CAR.	PINYIN	SIGNIFICADO
29	林	lín	Bosque	43	早	zǎo	Temprano
30	森	sēn	Selva	44	昨	zuó	Ayer
31	休	xiū	Descansar	45	口	kǒu	Boca
32	本	běn	Raíz	46	喝	hē	Beber
33	目	mù	Ojo	47	禾	hé	Cereal
34	相	xiàng	Aspecto	48	和	hé	Y
35	心	xīn	Corazón	49	香	xiāng	Fragancia
36	想	xiǎng	Pensar	50	吃	chī	Comer
37	日	rì	Sol, día	51	品	pǐn	Artículo
38	白	bái	Blanco	52	回	huí	Volver
39	勺	sháo	Cuchara	53	女	nǚ	Mujer
40	的	de	De	54	了	le	Da noción de tiempo
41	百	bǎi	Cien	55	子	zǐ	Hijo/ pequeño
42	是	shì	Ser	56	好	hǎo	Bueno

#	CAR.	PINYIN	SIGNIFICADO
57	安	ān	Paz
58	字	zì	Letra
59	家	jiā	Hogar
60	妈	mā	Madre
61	吗	ma	Símbolo de pregunta
62	骂	mà	Regañar
63	石	shí	Roca
64	码	mǎ	Número
65	田	tián	Terreno
66	力	lì	Fuerza
67	办	bàn	Hacer
68	为	wèi	Porque
69	男	nán	Varón
70	果	guǒ	Fruta

#	CAR.	PINYIN	SIGNIFICADO
71	门	mén	Puerta
72	们	men	Sufijo Plural
73	问	wèn	Preguntar
74	间	jiān	En medio
75	买	mǎi	Comprar
76	卖	mài	Vender
77	又	yòu	Otra vez
78	双	shuāng	Un par
79	友	yǒu	Amigo
80	没	méi	Prefijo negativo
81	刀	dāo	Cuchillo
82	米	mǐ	Arroz
83	来	lái	Venir
84	粉	fěn	Polvo

#	CAR.	PINYIN	SIGNIFICADO	#	CAR.	PINYIN	SIGNIFICADO
85	水	shuǐ	Agua	99	冷	lěng	Frío
86	冰	bīng	Hielo	100	户	hù	Hogar
87	汁	zhī	Jugo	101	万	wàn	Diez mil
88	千	qiān	Mil	102	方	fāng	Dirección
89	开	kāi	Abrir	103	房	fáng	Casa
90	古	gǔ	Antiguo	104	上	shàng	Arriba
91	舌	shé	Lengua	105	下	xià	Abajo
92	话	huà	Lenguaje	106	卡	kǎ	Tarjeta
93	活	huó	Vivir	107	直	zhí	Derecho
94	月	yuè	Mes	108	具	jù	Herramienta
95	朋	péng	Amigo	109	真	zhēn	Realmente
96	明	míng	Claro	110	寸	cùn	Unidad de longitud
97	有	yǒu	Tener	111	对	duì	Correcto
98	今	jīn	Hoy	112	过	guò	Indicador de Experiencia

#	CAR.	PINYIN	SIGNIFICADO	#	CAR.	PINYIN	SIGNIFICADO
113	时	shí	En punto	127	夕	xī	Atardecer
114	村	cūn	Aldea	128	多	duō	Mucho
115	树	shù	Árbol	129	名	míng	Nombre
116	贝	bèi	Caparazón de un crustáceo	130	句	jù	Oración
117	见	jiàn	Ver	131	不	bù	Prefijo negativo
118	贵	guì	Caro	132	还	hái	Aún / todavía
119	现	xiàn	Aparecer	133	看	kàn	Ver
120	立	lì	De pie	134	会	huì	Poder
121	产	chǎn	Maternidad	135	我	wǒ	Yo
122	位	wèi	Posición	136	你	nǐ	Tu
123	站	zhàn	Estación	137	也	yě	También
124	小	xiǎo	Estación	138	地	dì	Tierra
125	少	shǎo	Menos	139	他	tā	El
126	尖	jiān	Punta / afilado	140	她	tā	Ella

#	CAR.	PINYIN	SIGNIFICADO	#	CAR.	PINYIN	SIGNIFICADO
141	它	tā	Lo	155	秋	qiū	Otoño
142	东	dōng	Este	156	冬	dōng	Invierno
143	南	nán	Sur	157	鼠	shǔ	Rata
144	西	xī	Oeste	158	牛	niú	Buey
145	北	běi	Norte	159	虎	hǔ	Tigre
146	要	yào	Tener que	160	兔	tù	Conejo
147	前	qián	Antes / frente	161	龙	lóng	Dragón
148	后	hòu	Después / detrás	162	蛇	shé	Serpiente
149	左	zuǒ	Izquierda	163	马	mǎ	Caballo
150	右	yòu	Derecha	164	羊	yáng	Oveja
151	中	zhōng	Centro	165	猴	hóu	Mono
152	很	hěn	Muy	166	鸡	jī	Ave (Gallina)
153	春	chūn	Primavera	167	狗	gǒu	Perro
154	夏	xià	Verano	168	猪	zhū	Cerdo

Tabla 11 : Sonidos de Pinyin de los caracteres del Nº 1 al Nº 168

¿CARACTERES CON RAÍCES O ESTRUCTURAS SIMILARES TIENEN O NO TIENEN SONIDOS O SIGNIFICADOS SIMILARES?

Esta sección es un apéndice mas avanzado a la lección presente. Si lo encuentras muy difícil, pásalo por alto y continúa a la próxima lección y a los exámenes finales.

Como se ha aprendido en la lección 9, es posible que haya más de un carácter que se escriba de la misma manera en el pinyin. La próxima pregunta es ¿Caracteres con raíces o estructuras similares tienen o no sonidos (Pinyin) o significados similares? La respuesta a esta pregunta es "a menudo no lo tienen".

En la tabla siguiente se usa la raíz 虫, la que se llama comúnmente la raíz "insecto". Esta tabla demuestra que la raíz no determina la pronunciación (Pinyin) del carácter.

#	CARÁCTER	SIGNIFICADO	PINYIN
1	虫	insecto, gusano	chóng
2	虱	piojos	shī
3	虾	camarón	xiā
4	虽	a pesar, aunque	suī
5	蚊	mosquito	wén

Tabla 12 : Ejemplos de la pronunciación pinyin del carácter 虫

Si se extendiera esta lista a 30 caracteres que usan la misma raíz 虫, se descubriría que:

- 19 caracteres se refieren a animales, desde la serpiente al piojo.

- 4 caracteres se refieren a productos de animales, tales como huevos, miel, y cera.
- 4 caracteres son verbos relacionados a los movimientos que hacen las serpientes y los gusanos.
- 3 caracteres no tienen ninguna relación al reino animal o la fauna.

Como se ve, la raíz 虫 provee una pista o idea en general acerca del significado de 27 de esos 30 caracteres que la usan.

Si te preguntas: ¿Por qué se utilizan los caracteres todavía y por que los reformadores no los abolieron y remplazaron con pinyin? Una de las razones es que hay demasiados caracteres que en el pinyin se pronuncian de la misma manera.

Veamos ahora a la manera en que se ha usado el sonido para expandir las posibilidades en la creación de nuevos caracteres chinos. En los casos en que caracteres chinos se han agregado a una combinación para sugerir el sonido de la misma, el carácter agregado es solo una indicación de este. No es como en el caso del español donde la "b" siempre se pronuncia "b" como en "beber", o la "d" siempre se pronuncia "d" como en "día". Los caracteres incluidos en una combinación por razones fonéticas solo proveen una idea general y aproximada de cual podría ser su sonido o pronunciación.

Siguiendo el consejo del famoso proverbio chino de que una imagen vale diez mil palabras, veamos algunos ejemplos de combinaciones que incluyen caracteres para sugerir el sonido o pronunciación de estas.

Hemos tratado de usar combinaciones en las que tanto la raíz como el carácter que sugiere el sonido ya han sido incluidas en nuestras lecciones.

Les quatre exemples suivants ont la même forme pinyin et le même ton, mais ici chacun d'entre eux a perdu sa valeur sémantique et est devenu un indicateur phonétique.

Los cuatro ejemplos siguientes tienen el mismo pinyin y el mismo tono y usan el mismo carácter como el componente principal. Sin embargo, en contraposición con la tabla anterior, el componente principal no indica el significado, pero la pronunciación o el sonido del carácter

CARÁCTER	SIGNIFICADO DE LA COMBINACIÓN	ELEMENTOS DE LA COMBINACIÓN	PINYIN
生	Dar a luz, crecer, vivo	生 usado como raíz	shēng
笙	Instrumento musical con la forma de una calabaza	竹 usado como raíz; 生 como componente fonético	shēng
甥	Hijo o hija de la hermana	生 es la raíz, pero dobla como componente fonético	shēng
牲	Animal para el sacrificio	牛 usado como raíz; 生 como componente fonético	shēng

Tabla 13 : Ejemplo del uso de componentes para sugerir sonido y pronunciación

Como se ha visto en esta lección, los caracteres chinos no tienen una serie sistemática de reglas. Sin embargo, la práctica demuestra que a medida que se aprenden más caracteres el uso de ellos se vuelve más fácil. Así como más de mil millones de personas lo hacen, descubrirás que pronto tú también puedes comunicarte mediante ellos.

CHINO PRÁCTICO

En la tabla siguiente escribe en caracteres chinos los equivalentes de: yo, mi, ella, él, etc.

		Yo Mi	
		El Su	
		Ella Su	
		Ellas Sus o suy	
		Ellos Sus o suyos	
		Lo (animal o cosa) Sus (ani	
		Ellos (animales o cosas) Sus (animales o cosas)	

CHINO PRÁCTICO

用

Definición	El uso, emplear, aplicar
La evolución del carácter	昢 用 用 用
El orden de los trazo	丿 刀 月 月 用
Chino proverbio	用心良苦

MI PRIMER RELATO EN CHINO

Si has estudiado los caracteres de las lecciones 1 a 10, deberías poder leer el siguiente relato. A primera vista parecerá imposible. ¡No temas! Ya has aprendido todos los caracteres incluidos.

☞ El primer paso es ver si puedes comprender su significado. Tal vez sea difícil, pero prueba hacerlo, un carácter a la vez.

我的名字是王冰。我是西方人，十一月七日来了中国。中国是一个好地方，东西很好吃，中国人也很友好。我住在西安。西安的小吃很有名，不过冬天太冷了，1℃左右。

我有一个日本朋友，他一直想来中国。昨天他和他的妈妈来西安看我。现在他们住在我家。

今天早上我们去吃东西时，人太多了。我们去点东西时，有人占了我们的座位。我们又去了人少一点的一家店。我的朋友点了羊肉粉，他的妈妈不吃牛羊肉，点了鸡肉粉。我们没有点喝的东西，因为太贵了。

我们明天要去买香水。有一家店的香水很好。因为还想回来买很多东西，我办了VIP卡。

我的男朋友住在广西，从来没有见过他们。因为他们十二月五日前还在中国，我的男朋友会从广西过来见他们。

我的日本朋友在中国很开心，他们还想来中国。

☞ Traduzcamos cada uno de los caracteres:

我的名字是王冰。我是西方人，十一月七日来了中国。

中国是一个好地方，东西很好吃，中国人也很友好。

我住在西安。西安的小吃很有名，不过冬天太冷了，

1°C左右。

我有一个日本朋友，他一直想来中国。昨天他和他的

妈妈来西安看我。现在他们住在我家。

今天早上我们去吃东西时，人太多了。我们去点东西

时，有人占了我们的座位。我们又去了人少一点的一家

店。我的朋友点了羊肉粉，他的妈妈不吃牛羊肉，

点了鸡肉粉。我们没有点喝的东西，因为太贵了。

我们明天要去买香水。有一家店的香水很好。

因为还想回来买很多东西，我办了VIP卡。

我的男朋友住在广西，从来没有见过他们。因为他们十

二月五日前还在中国，我的男朋友会从广西过来见他们。

我的日本朋友在中国很开心，他们还想来中国。

☞ En el texto precedente hay varias palabras compuestas de dos caracteres (en color gris) las que no las hemos estudiado, pero tú has aprendido los caracteres individuales que las componen. A continuación se da la traducción y las explicaciones necesarias acerca de ellas:

名字 : Nombre
王冰 : Un apellido
中国 : "Reino Central": China
地方 : "Tierra-lugar": lugar
友好 : "Cordial-cordial": cordial
东西 : "Este-oeste": cosas (comida, objetos, etc.)
西安 : Xi-an: una ciudad en la China
冬天 : "Invierno + día": invierno
左右 : "Izquierda + derecha": alrededor
日本 : "Sol + raíz": Japón
朋友 : "Amigo + amigo": amigo

一直 : "Uno-derecho": vaya derecho
昨天 : "Ayer + día": ayer
坐位 : "Asiento + ubicación": asiento
香水 : "Fragante + agua": perfume
广西 : Guangxi: provincia de la China
从来 : "Desde + venir": nunca
开心 : "Abierto + Corazón": feliz

☞ Traducción del chino al español:

Mi nombre es Wang Bing. Soy del occidente. El 7 de Noviembre llegue a la China. La China es un lugar maravilloso (enorme), la comida es deliciosa y la gente muy cordial. Vivo en Xi-an. La comida (de los vendedores ambulantes) de Xi-an es muy famosa, pero el invierno es muy frio, acerca de 1° C.

Tengo un amigo japonés. El ha querido venir a la China por mucho tiempo. Ayer, el y su madre vinieron a Xi-an a visitarme. Ellos están hospedados en mi casa.

Esta mañana fuimos a comer afuera, pero había demasiada gente. Mientras que escogíamos la comida, unas personas tomaron nuestros asientos, así que nos fuimos a otro restaurante donde había menos gente. Mi amigo pidió unos fideos con carne de cordero. Su madre no come ni cordero ni bife, así es que ella pidió fideos con pollo. No pedimos bebidas porque eran muy caras.

Mañana iremos a comprar perfume. Hay una tienda de perfumes muy buena en los alrededores. Porque queremos comprar una cantidad grande, hemos conseguido una tarjeta de VIP.

My novio vive en Guangxi. El no conoce a mis amigos. Porque ellos se quedaran en la China hasta el 5 de Enero, mi novio vendrá de Guangxi a verlos. Mis amigos disfrutaron la visita a la China. Tienen planes de venir de vuelta.

☞ Debajo esta el mismo texto en español, pero traducido literalmente desde el chino. Debes traducirlo de nuevo al chino, pero sin mirar al texto original chino.

□□□□□□□□. □□□□, □□□□□□□□□□.

Mi / nombre / es / Wang / Bing. Soy / occidental. 11 / mes / 7 / día / llegue / China.

□□□□□□□□□, □□□□□, □□□□□□□.

China / es / un / buen / lugar, cosas / muy / buenas / para comer, Chinos / también / muy / cordiales.

□□□□□□. □□□□□□□□□, □□□□□□□,

Yo / vivo / en / Xi'an. Xi'an /de / pequeñas + comidas (snacks) / muy / tiene + nombre (famoso), pero / invierno / demasiado / frio,

1°C□□.

1°C/alrededor.

□□□□□□□□, □□□□□□□. □□□□□□.

Yo / tengo / un / Japonés / amigo, el / derecho (desde hace mucho) / quería / venir a / China. Ayer / el / y / su

□□□□□□□□. □□□□□□□□.

madre / llegaron / Xi'an / para ver / me. Ahora / ellos / viven / en / mi / casa.

□□□□□□□□□□□□, □□□□. □□□□□□.

Hoy / mañana / nosotros / fuimos / a comer / cosas / tiempo (a ese tiempo), gente / muy / mucha. Nosotros / fuimos / a pedir / cosas

□，□□□□□□□□□。□□□□□□□□□□

tiempo había / gente / ocupaba / nuestros / asientos. Nosotros /
otra vez / fuimos / gente / menos / una + pequeña / de

□□□。□□□□□□□□□，□□□□□□□□□，

una / casa + tienda (restaurant). Mi / amigo / pidió / cordero / carne /
fideos, su / madre / no / come / bife / cordero / carne,

□□□□□□。□□□□□□□□□，□□□□□。

pidió / pollo / carne / fideos. Nosotros / no / pedimos / beber +
cosas (bebidas), porque / demasiado / caras.

□□□□□□□□□。□□□□□□□□□□。

Nosotros / mañana / querer / ir / comprar / perfume. Hay / una /
casa-tienda (tienda) / de / perfume / muy / buena.

□□□□□□□□□□□，□□□VIP□。

Porque / también / pensar / volver / a comprar / muchas / cosas,
nosotros / (pasado) / VIP / tarjeta.

□□□□□□□□，□□□□□□□。□□□□

Mi / novio / vive / en / Guangxi, de + venir (nunca) / (pasado) /
conocer / ellos. Porque / ellos

□□□□□□□□□，□□□□□□□□□□□。

12 mes 5 día / antes / todavía / en / China, mi / novio / quiere /
de / Guangxi / venir / a ver / ellos.

□□□□□□□□□□□，□□□□□□。

Mi / Japón / amigos / en / China / muy / feliz, ellos / todavía / piensan /
venir a / China.

¿EL IDIOMA MÁS DIFÍCIL DEL MUNDO?

No hay una manera oficial de medir el nivel de dificultad de los idiomas en el mundo. Algunos de ellos son más difíciles de pronunciar y otros tienen una gramática o sintaxis más compleja. Algunos usan el alfabeto romano, mientras que otros usan caracteres, tales come el japonés. Los árabes usan un especie de alfabeto que se escribe con una escritura fluida; la gente de Rusia usan el cirílico; los grecos usan el alfabeto griego y en toda Asia se usan alfabetos basados en el sanscrito, los que son completamente ininteligibles a los recién llegados.

Existen cientos de idiomas sin una forma escrita, muchos de los cuales recibieron una escritura después que misioneros las inventaron para poder transmitir sus libros sagrados en las lenguas vernáculas. En Vietnam y en las islas Fiji, para citar algunos lenguajes de los que tenemos alguna noción, misioneros franceses de la Iglesia Católica Romana en un caso, y misioneros Presbiterianos de Escocia en el otro, crearon unas soluciones peculiares pero sus esfuerzos han sobrevivido los siglos.

El chino, probablemente el idioma más usado en el mundo, se ha adherido a su forma pictográfica. La adopción de una romanización estándar (el Pinyin) ha facilitado el aprendizaje del chino y el uso del diccionario, pero no hay intenciones de deshacerse de los caracteres. Esto no es solamente un acto nostálgico. El idioma hablado chino tiene demasiadas palabras que se deletrean exactamente igual en el Pinyin, y el uso de los cuatro tonos no es suficiente para distinguir las palabras que se escriban o pronuncien igual. En el Diccionario Hunihan, el sonido que se escribe 'ji' en Pinyin tiene cientos de palabras y significados diferentes. Cuando se usa el Pinyin es imposible distinguir el uno del otro, pero usando los caracteres la distinción es relativamente fácil.

Cada idioma tiene sus particularidades y las opiniones de cuál es el más difícil de aprender son muy subjetivas y están sujetas a inclinaciones personales.

Muchos países que no usan las lenguas europeas tienen un entorno que ayuda a los extranjeros a aprender sus idiomas, ya que han adoptado muchas palabras y raíces de las lenguas europeas, tienen pocas reglas gramaticales y de sintaxis; y se escriben usando el alfabeto romano. El idioma de Malasia es posiblemente uno de los idiomas más fáciles de aprender desde el punto de vista de un aprendiz. El idioma usa muchas palabras que provienen del holandés, el portugués, el español, el árabe, el hindi y el inglés. Sin embargo el chino, a diferencia del idioma de Malasia, no ha tomado prestadas ni ha adoptado muchas palabras extranjeras.

No está claro si la reputación que el idioma chino tiene de ser el lenguaje más difícil de aprender en el mundo es merecida o no. Está claro de que toma mucho más tiempo el aprender a leer y escribir el chino de lo que tomaría aprender un idioma con una forma alfabética. El chino hablado no tiene muchos sonidos dificultosos, pero el aprender los tonos, así que uno usa el tono apropiado con cada palabra toma tiempo y practica. Pocas personas pueden dedicar el tiempo necesario para lograrlo, a menos que estén determinados a estudiar el idioma seriamente. Está claro que la gente china es muy paciente, ya que perdonan a los extranjeros por maltratar su idioma ancestral.

La combinación de las características mencionadas, la escritura pictórica, los tonos, la masa de palabras con un sonido similar, y un vocabulario que ha tomado por prestado pocas palabras extranjeras, contribuyen a hacer del chino uno de los idiomas más difíciles de aprender en todo el mundo. Sin embargo, es un idioma fácil de usar, ya que una vez que se han aprendido los caracteres se pueden leer con más facilidad y rapidez, sin importar cuantos trazos tengan, que palabras de múltiples silabas en un idioma alfabético. El equivalente chino de la velocidad de lectura puede ser muy rápido y no hay necesidad de preocuparse demasiado acerca de la gramática y la sintaxis.

Estas emprendiendo el aprendizaje de uno de los idiomas más antiguos y difíciles del mundo, pero puede ser una aventura muy gratificante el descifrar sus misterios.

LECTURA AVANZADA

Para aquellos que deseen una información más profunda en este tema, a continuación se dan algunas sugerencias.

El proyecto extensivo de Needham, el que está dividido en muchos tomos y sub-tomos. La colección completa proveería aun para el estudiante más apasionado con materiales para una vida entera de estudio de todo aquello que sea chino. El titulo de la serie es "Science and Civilization in China" y la amplitud y extensión de los temas cubiertos es increíblemente amplia. Se han publicado versiones abreviadas de esta y no es necesario comprar cada sección.

Los diccionarios recomendados son: el Shou Wen, escrito alrededor del siglo primero de C. y el Diccionario de Kangxi, publicado en el siglo XVIII. Estos proveen una base muy solida de los caracteres usados hasta fines del siglo XX. El Shou Wen a menudo trata de explicar los orígenes de los caracteres.

Otros libros muy interesantes acerca del idioma chino son: 汉字密码 "Hanzi Mima", dos volúmenes, escrito por Tang Han, publicado en Shanghái en el año 2002. 汉字的故事 "Hanzi da Gushi" escrito por Yu Nairao, publicado en Pekín en el año 2005. Estos dos libros proveen ejemplos excelentes de la escritura china antigua. Hay muchas páginas y sitios en Internet acerca del idioma chino y más se agregan a diario. Las siguientes son algunas de ellas:

- http://www.zdic.net,
- http://www.zhongwen.com

Buena suerte!

EXÁMENES FINALES

考

Definición	Comprobar, verificar, aprobar un examen
La evolución del carácter	㸚 㦓 㶊 考
El orden de los trazo	一 十 土 耂 耂 考
Chino proverbio	考慮再三

EXAMEN FINAL 1 : ESCRITURA

A ti te toca ahora escribir los caracteres que has aprendido. Si encuentras dificultades, puedes referirte a la lección correspondiente al número del carácter.

1	一		18	点		35	心	
2	二		19	店		36	想	
3	三		20	床		37	日	
4	十		21	去		38	白	
5	人		22	在		39	勺	
6	个		23	王		40	的	
7	大		24	主		41	百	
8	太		25	住		42	是	
9	天		26	国		43	早	
10	从		27	因		44	昨	
11	内		28	木		45	口	
12	肉		29	林		46	喝	
13	土		30	森		47	禾	
14	坐		31	休		48	和	
15	广		32	本		49	香	
16	座		33	目		50	吃	
17	占		34	相		51	品	

52	回		72	们		92	话	
53	女		73	问		93	活	
54	了		74	间		94	月	
55	子		75	买		95	朋	
56	好		76	卖		96	明	
57	安		77	又		97	有	
58	字		78	双		98	今	
59	家		79	友		99	冷	
60	妈		80	没		100	户	
61	吗		81	刀		101	万	
62	骂		82	米		102	方	
63	石		83	来		103	房	
64	码		84	粉		104	上	
65	田		85	水		105	下	
66	力		86	冰		106	卡	
67	办		87	汁		107	直	
68	为		88	千		108	具	
69	男		89	开		109	真	
70	果		90	古		110	寸	
71	门		91	舌		111	对	

112	过
113	时
114	村
115	树
116	贝
117	见
118	贵
119	现
120	立
121	产
122	位
123	站
124	小
125	少
126	尖
127	夕
128	多
129	名
130	句
131	不

132	还
133	看
134	会
135	我
136	你
137	也
138	地
139	他
140	她
141	它
142	东
143	南
144	西
145	北
146	要
147	前
148	后
149	左
150	右
151	中

152	很
153	春
154	夏
155	秋
156	冬
157	鼠
158	牛
159	虎
160	兔
161	龙
162	蛇
163	马
164	羊
165	猴
166	鸡
167	狗
168	猪

Ya has aprendido los caracteres en la tabla siguiente. ¡Obsérvalos cuidadosamente y los recordaras!

A	四		D	七		G	百	
B	五		E	八		H	万	
C	六		F	九		I	千	

EXAMEN FINAL 2 : SIGNIFICADO

Escribe el significado de los caracteres que hemos aprendido. Si encuentras dificultades, puedes referirte a la lección correspondiente al número del carácter.

1	一		12	肉	
2	二		13	土	
3	三		14	坐	
4	十		15	广	
5	人		16	座	
6	个		17	占	
7	大		18	点	
8	太		19	店	
9	天		20	床	
10	从		21	去	
11	内		22	在	

23	王		43	早	
24	主		44	昨	
25	住		45	口	
26	国		46	喝	
27	因		47	禾	
28	木		48	和	
29	林		49	香	
30	森		50	吃	
31	休		51	品	
32	本		52	回	
33	目		53	女	
34	相		54	了	
35	心		55	子	
36	想		56	好	
37	日		57	安	
38	白		58	字	
39	勺		59	家	
40	的		60	妈	
41	百		61	吗	
42	是		62	骂	

63	石		83	来	
64	码		84	粉	
65	田		85	水	
66	力		86	冰	
67	办		87	汁	
68	为		88	千	
69	男		89	开	
70	果		90	古	
71	门		91	舌	
72	们		92	话	
73	问		93	活	
74	间		94	月	
75	买		95	朋	
76	卖		96	明	
77	又		97	有	
78	双		98	今	
79	友		99	冷	
80	没		100	户	
81	刀		101	万	
82	米		102	方	

103	房		123	站	
104	上		124	小	
105	下		125	少	
106	卡		126	尖	
107	直		127	夕	
108	具		128	多	
109	真		129	名	
110	寸		130	句	
111	对		131	不	
112	过		132	还	
113	时		133	看	
114	村		134	会	
115	树		135	我	
116	贝		136	你	
117	见		137	也	
118	贵		138	地	
119	现		139	他	
120	立		140	她	
121	产		141	它	
122	位		142	东	

143	南	
144	西	
145	北	
146	要	
147	前	
148	后	
149	左	
150	右	
151	中	
152	很	
153	春	
154	夏	
155	秋	
156	冬	
157	鼠	
158	牛	
159	虎	
160	兔	
161	龙	
162	蛇	
163	马	

164	羊	
165	猴	
166	鸡	
167	狗	
168	猪	

Ya has aprendido los caracteres en la tabla siguiente. ¡Obsérvalos cuidadosamente y los recordaras!

A	四	
B	五	
C	六	
D	七	
E	八	
F	九	
G	十	

Si no recuerdas el significado, puedes referirte a la primera pagina de las lecciones cuarta a la decima.

EXAMEN FINAL 3 : RAÍCES

Escribe las raíces de cada carácter y selecciona la definición correspondiente. Si encuentras dificultades, puedes referirte a la lección segunda y a la octava.

#	RAÍZ	SIGNIFICADO	EJEMPLO
1		☐ Comida ☐ Hombre	从
2		☐ Mano ☐ Insecto	打
3		☐ Luna ☐ Sol	明
4		☐ Carne ☐ Mesa	肺
5		☐ Madera ☐ Carne	相
6		☐ Hielo ☐ Agua	泳
7		☐ Luz ☐ Fuego	灯
8		☐ Enfermedad ☐ Envase	病
9		☐ Ojo ☐ Luna	眼
10		☐ Carne ☐ Flama	朕
11		☐ Música ☐ Insecto	蛇
12		☐ Flor ☐ Hielo	冰
13		☐ Lengua ☐ Viaje	讲
14		☐ Cuchillo ☐ Techo	召
15		☐ Boca ☐ Casa	否

#	RAÍZ	SIGNIFICADO	EJEMPLO
16		☐ Madera ☐ Animal	犸
17		☐ Agua ☐ Lenguaje	讯
18		☐ Animal ☐ Raíz	羚
19		☐ Pescado ☐ Lenguaje	鲐
20		☐ Planta ☐ Casa	花
21		☐ Animal ☐ Pelo	彪
22		☐ Árbol ☐ Animal	驼
23		☐ Enfermedad ☐ Clima	疬
24		☐ Ojo ☐ Comida	盲
25		☐ Animal ☐ Tela	狍
26		☐ Animal ☐ Flor	牡
27		☐ Terreno ☐ Hielo	男
28		☐ Techo ☐ Instrumento musical	官
29		☐ Liquido ☐ Puerta	闯
30		☐ Techo ☐ Bailarín	家

EXAMEN FINAL 4 : PINYIN

Transcribir cada uno de los siguientes caracteres en pinyin. En caso de dificultad, diríjase a la Lección diez.

#	CAR.	PINYIN	#	CAR.	PINYIN	#	CAR.	PINYIN
1	一		18	点		35	心	
2	二		19	店		36	想	
3	三		20	床		37	日	
4	十		21	去		38	白	
5	人		22	在		39	勺	
6	个		23	王		40	的	
7	大		24	主		41	百	
8	太		25	住		42	是	
9	天		26	国		43	早	
10	从		27	因		44	昨	
11	内		28	木		45	口	
12	肉		29	林		46	喝	
13	土		30	森		47	禾	
14	坐		31	休		48	和	
15	广		32	本		49	香	
16	座		33	目		50	吃	
17	占		34	相		51	品	

#	CAR.	PINYIN	#	CAR.	PINYIN	#	CAR.	PINYIN
52	回		72	们		92	话	
53	女		73	问		93	活	
54	了		74	间		94	月	
55	子		75	买		95	朋	
56	好		76	卖		96	明	
57	安		77	又		97	有	
58	字		78	双		98	今	
59	家		79	友		99	冷	
60	妈		80	没		100	户	
61	吗		81	刀		101	万	
62	骂		82	米		102	方	
63	石		83	来		103	房	
64	码		84	粉		104	上	
65	田		85	水		105	下	
66	力		86	冰		106	卡	
67	办		87	汁		107	直	
68	为		88	千		108	具	
69	男		89	开		109	真	
70	果		90	古		110	寸	
71	门		91	舌		111	对	

#	CAR.	PINYIN
112	过	
113	时	
114	村	
115	树	
116	贝	
117	见	
118	贵	
119	现	
120	立	
121	产	
122	位	
123	站	
124	小	
125	少	
126	尖	
127	夕	
128	多	
129	名	
130	句	
131	不	

#	CAR.	PINYIN
132	还	
133	看	
134	会	
135	我	
136	你	
137	也	
138	地	
139	他	
140	她	
141	它	
142	东	
143	南	
144	西	
145	北	
146	要	
147	前	
148	后	
149	左	
150	右	
151	中	

#	CAR.	PINYIN
152	很	
153	春	
154	夏	
155	秋	
156	冬	
157	鼠	
158	牛	
159	虎	
160	兔	
161	龙	
162	蛇	
163	马	
164	羊	
165	猴	
166	鸡	
167	狗	
168	猪	

APÉNDICE

LISTA DE CARACTERES ORDENADOS DE ACUERDO A SU SIGNIFICADO

Las listas siguientes se refieren a los caracteres de las lecciones principales. Estas no incluyen los caracteres en las secciones de proverbios y del zodiaco, muchos de los cuales no forman parte de las lecciones principales. Se debe tener en cuenta que los caracteres a menudo tienen varios y diferentes significados: por ejemplo, 门 puede significar puerta o portal; 信 puede significar sincero o creer; 日 puede significar sol o día. Los significados que se dan en estas listas son los que se han usado en las lecciones.

SIGNIFICADO	CARÁCTER	CARÁCTER No.	SIGNIFICADO	CARÁCTER	CARÁCTER No.
1	一	1	10 000	万	101
2	二	2	**A**		
3	三	3	Abajo	下	105
4	四	4	Abrir	开	89
5	五	P. 58	Adentro	内	11
6	六	P. 71	Agua	水	85
7	七	P. 86	Aldea	村	114
8	八	P. 100	Amigo	友	79
9	九	P. 109	Amigo	朋	95
10	十	P. 114	Antes	前	147
100	百	41	Antiguo	古	90
1 000	千	88	Aparecer	现	119

Árbol	树	115	Centro	中	151
Árbol	木	28	Cerdo	猪	168
Arriba	上	104	Cereal	禾	47
Arroz	米	82	Cielo,	天	9
Artículo	品	51	Cien,	百	41
Asiento	座	16	Cinco,	五	-
Aspecto	相	34	Claro	明	96
Atardecer	夕	127	Comer	吃	50
Ave	鸡	166	Comprar	买	75
Ayer	昨	44	Conejo	兔	160
Aún	还	132	Corazón	心	35
B			Correcto	对	111
Beber	喝	46	Cuatro,	四	4
Blanco	白	38	Cuchara	勺	39
Boca	口	45	Cuchillo	刀	81
Bosque	林	29	D		
Bueno	好	56	Da	了	54
Buey	牛	158	De	立	120
C			De	的	40
Caballo	马	163	Demasiado	太	8
Cama	床	20	Derecha	右	150
Caparazón	贝	116	Derecho	直	107
Carne	肉	12	Descansar	休	31
Caro	贵	118	Después	后	148
Casa	房	103	Diez	万	101
Causa	因	27	Diez,	十	4

Dirección	方	102		Hogar	户	100
Dos,	二	2		Hogar	家	59
Dragón	龙	161		Hoy	今	98
Dueño	主	24		I		
E				Indicador	过	112
El	他	139		Individuo	个	6
Ella	她	140		Invierno	冬	156
En	时	113		Izquierda	左	149
En	间	74		J		
Estación	站	123		Jugo	汁	87
Estación	小	124		L		
Estar	在	22		Lengua	舌	91
Este	东	142		Lenguaje	话	92
Extenso	广	15		Letra	字	58
F				Lo	它	141
Fragancia	香	49		M		
Fruta	果	70		Madre	妈	60
Frío	冷	99		Maternidad	产	121
Fuerza	力	66		Mes	月	94
G				Mil	千	88
Grande	大	7		Mono	猴	165
H				Mucho	多	128
Hacer	办	67		Mujer	女	53
Herramienta	具	108		Muy	很	152
Hielo	冰	86		N		
Hijo/	子	55		Nombre	名	129

Norte	北	145
Nueve,	九	-
Número	码	64
O		
Ocho,	八	-
Ocupar	占	17
Oeste	西	144
Ojo	目	33
Oración	句	130
Otoño	秋	155
Otra	又	77
Oveja	羊	164
P		
Paz	安	57
País	国	26
Pensar	想	36
Perro	狗	167
Persona	人	5
Poco	少	125
Poco	点	18
Poder	会	134
Polvo	粉	84
Porque	为	68
Posición	位	122
Prefijo	不	131
Prefijo	没	80

Preguntar	问	73
Primavera	春	153
Puerta	门	71
Punta	尖	126
R		
Rata	鼠	157
Raíz	本	32
Realmente	真	109
Regañar	骂	62
Rey	王	23
Roca	石	63
S		
Seguir	从	10
Seis,	六	-
Selva	森	30
Sentarse	坐	14
Ser	是	42
Serpiente	蛇	162
Siete,	七	-
Sol,	日	37
Sufijo	们	72
Sur	南	143
Símbolo	吗	61
T		
También	也	137
Tarjeta	卡	106

Temprano	早	43
Tener	要	146
Tener	有	97
Terreno	田	65
Tienda	店	19
Tierra	土	13
Tierra	地	138
Tigre	虎	159
Tres,	三	3
Tu	你	136
U		
Un	双	78
Unidad	寸	110
Uno,	一	1

V		
Varón	男	69
Vender	卖	76
Venir	来	83
Ver	见	117
Ver	看	133
Verano	夏	154
Vivir	住	25
Vivir	活	93
Volver	回	52
Y		
Y	和	48
Yo	我	135

Tabla 14: Lista de caracteres ordenados de acuerdo a su significado

LISTA DE CARACTERES ORDENADOS DE ACUERDO AL NÚMERO DE TRAZOS

La tabla siguiente enumera los caracteres que se han estudiado de acuerdo a su número de trazos. Como este libro se enfoca en los caracteres simplificados en vez de los tradicionales, se han enumerado solo los caracteres simplificados.

NÚMERO DE TRAZOS	CARÁCTER	PINYIN	CARÁCTER No.	NÚMERO DE TRAZOS	CARÁCTER	PINYIN	CARÁCTER No.
1	一	yī	1	2	了	le	54
2	七	qī	Page 86	2	二	èr	2
2	九	jiǔ	Page 109	2	人	rén	5

NÚMERO DE TRAZOS	CARÁCTER	PINYIN	CARÁCTER No.	NÚMERO DE TRAZOS	CARÁCTER	PINYIN	CARÁCTER No.
2	八	bā	Page 100	4	从	cóng	10
2	刀	dāo	81	4	六	liù	Page 71
2	力	lì	66	4	内	nèi	11
2	十	shì	Page 114	4	办	bàn	67
3	万	wàn	101	4	友	yǒu	79
3	三	sān	3	4	双	shuāng	78
3	上	shàng	104	4	天	tiān	9
3	下	xià	105	4	太	tài	8
3	个	gè	6	4	少	shǎo	125
3	也	yě	137	4	开	kāi	89
3	勺	sháo	39	4	心	xīn	35
3	千	qiān	88	4	户	hù	100
3	口	kǒu	45	4	方	fāng	102
3	土	tǔ	13	4	日	rì	37
3	大	dà	7	4	月	yuè	94
3	女	nǚ	53	4	木	mù	28
3	子	zǐ	55	4	水	shuǐ	85
3	寸	cùn	110	4	牛	niú	158
3	小	xiǎo	124	4	王	wáng	23
3	广	guǎng	15	4	见	jiàn	117
3	门	mén	71	4	贝	bèi	116
3	马	mǎ	163	5	东	dōng	142
3	夕	xī	127	5	主	zhǔ	24
4	不	bù	131	5	他	tā	139
4	中	zhōng	151	5	们	men	72
4	为	wèi	68	5	冬	dōng	156
4	五	wǔ	Page 58	5	北	běi	145
4	今	jīn	98	5	占	zhàn	17

NÚMERO DE TRAZOS	CARÁCTER	PINYIN	CARÁCTER No.	NÚMERO DE TRAZOS	CARÁCTER	PINYIN	CARÁCTER No.
5	卡	kǎ	106	6	回	huí	52
5	去	qù	21	6	因	yīn	27
5	古	gǔ	90	6	在	zài	22
5	句	jù	130	6	地	dì	138
5	右	yòu	150	6	多	duō	128
5	四	sì	4	6	她	tā	140
5	它	tā	141	6	好	hǎo	56
5	对	duì	111	6	妈	mā	60
5	左	zuǒ	149	6	字	zì	58
5	本	běn	32	6	安	ān	57
5	汁	zhī	87	6	尖	jiān	126
5	田	tián	65	6	早	zǎo	43
5	白	bái	38	6	有	yǒu	97
5	目	mù	33	6	百	bǎi	41
5	石	shí	63	6	米	mǐ	82
5	禾	hé	47	6	舌	shé	91
5	立	lì	120	6	考	kǎo	Page 139
5	龙	lóng	161	7	位	wèi	122
5	用	yòng	Page 129	7	住	zhù	25
6	买	mǎi	75	7	你	nǐ	136
6	产	chǎn	121	7	冷	lěng	99
6	休	xiū	31	7	坐	zuò	14
6	会	huì	134	7	床	chuáng	20
6	冰	bīng	86	7	我	wǒ	135
6	吃	chī	50	7	时	shí	113
6	名	míng	129	7	村	cūn	114
6	后	hòu	148	7	来	lái	83
6	吗	ma	61	7	没	méi	80

NÚMERO DE TRAZOS	CARÁCTER	PINYIN	CARÁCTER No.	NÚMERO DE TRAZOS	CARÁCTER	PINYIN	CARÁCTER No.
7	男	nán	69	9	昨	zuó	44
7	还	hái	132	9	是	shì	42
7	间	jiān	74	9	树	shù	115
7	鸡	jī	166	9	活	huó	93
8	兔	tù	160	9	点	diǎn	18
8	具	jù	108	9	相	xiāng	34
8	卖	mài	76	9	看	kàn	133
8	和	hé	48	9	秋	qiū	155
8	国	guó	26	9	要	yào	146
8	店	diàn	19	9	贵	guì	118
8	房	fáng	103	9	香	xiāng	49
8	明	míng	96	9	骂	mà	62
8	朋	péng	95	10	夏	xià	154
8	林	lín	29	10	家	jiā	59
8	果	guǒ	70	10	座	zuò	16
8	狗	gǒu	167	10	真	zhēn	109
8	现	xiàn	119	10	站	zhàn	123
8	的	de	40	10	粉	fěn	84
8	直	zhí	107	11	猪	zhū	168
8	码	mǎ	64	11	蛇	shé	162
8	虎	hǔ	159	12	森	sēn	30
8	话	huà	92	12	猴	hóu	165
9	前	qián	147	12	喝	hē	46
9	南	nán	143	13	想	xiǎng	36
9	品	pǐn	51	13	鼠	shǔ	157
9	很	hěn	152				
9	春	chūn	153				

Tabla 15 : Lista de caracteres ordenados de acuerdo a su número de trazos

LISTA DE KANGXI DE LAS 214 RAÍCES

La lista siguiente contiene las 214 raíces de Kangxi, la que fue usada por primera vez en el Zihui del año 1615 y que fue adoptada en el Kangxi diccionario del año 1716. Las raíces están ordenadas de acuerdo a su número de trazos y se mencionan algunos ejemplos de caracteres que las incluyen. Esta lista se ha convertido en tal estándar de las raíces chinas que a menudo se hace referencia a las raíces solo dando su número en esta lista. Por ejemplo, una referencia a la "raíz 61" sin ninguna explicación adicional significa 心.

一	丨	丶	丿	乙	亅	二	亠	人	儿	入	八	冂	冖	冫	几
凵	刀	力	勹	匕	匚	匸	十	卜	卩	厂	厶	又	口	囗	土
士	夂	夊	夕	大	女	子	宀	寸	小	尢	尸	屮	山	巛	工
己	巾	干	幺	广	廴	廾	弋	弓	彐	彡	彳	心	戈	戶	手
支	攴	文	斗	斤	方	无	日	曰	月	木	欠	止	歹	殳	毋
比	毛	氏	气	水	火	爪	父	爻	爿	片	牙	牛	犬	玄	玉
瓜	瓦	甘	生	用	田	疋	疒	癶	白	皮	皿	目	矛	矢	石
示	禸	禾	穴	立	竹	米	糸	缶	网	羊	羽	老	而	耒	耳
聿	肉	臣	自	至	臼	舌	舛	舟	艮	色	艸	虍	虫	血	行
衣	襾	見	角	言	谷	豆	豕	豸	貝	赤	走	足	身	車	辛
辰	辵	邑	酉	釆	里	金	長	門	阜	隶	隹	雨	青	非	面
革	韋	韭	音	頁	風	飛	食	首	香	馬	骨	高	髟	鬥	鬯
鬲	鬼	魚	鳥	鹵	鹿	麥	麻	黃	黍	黑	黹	黽	鼎	鼓	鼠

Raíces 209–214 y sus variantes:

鼻 齊 齒 龍 龜 龠

Variantes: 冫 氵 氺 灬 爫 忄 扌 犭 礻 糹 罒 ⺶ ⺮ 艹 辶 阝 飠 钅 见 页 风 韦 车 贝 鱼 鸟 马 麦 齐 齿 龙 龟

Las 214 raíces de Kangxi y sus variantes basadas en la serie de caracteres tradicionales chinos

Nota:

La cantidad de trazos en los caracteres de la tabla siguiente está basada en los caracteres tradicionales chinos. Se debe notar que 24 de estas 214 raíces se han simplificado y que por lo tanto su número de trazos ha cambiado.

NO.	RAÍZ (VARIANTES)	NUMERO DE TRAZOS	PINYIN	SIGNIFICADO	EJEMPLOS
96	[玉] 王 (⺩)	5	yù (wáng)	Jade, (rey)	王 玉 主 弄 皇 理 差 圣

(⺩) : Variante

王 : Chino simplificado

[玉] : Chino tradicional

NO.	RAIZ (VARIANTES)	TRAZOS	PINYIN	SIGNIFICADO	EJEMPLOS
1	一	1	yī	Uno	七三不世
2	丨	1	gǔn	Línea	中
3	丶	1	zhǔ	Punto	丸主
4	丿	1	piě	Tajo	久之乎
5	乙 (乙, 乀, 乚)	1	yǐ	Segundo	九也
6	亅	1	jué	Gancho	了事
7	二	2	èr	Dos	五井些亚
8	亠	2	tóu	Tapa	亡交京
9	人 (亻)	2	rén	Hombre, humano	仁休位今
10	儿	2	ér	Piernas, hijo	兄元
11	入	2	rù	Entrar	入两
12	八	2	bā	Ocho	公六共兵
13	冂	2	jiōng	País abierto	内再
14	冖	2	mī	Cubrir	冗冠
15	冫	2	bīng	Hielo	冬冶冷冻
16	几	2	jī	Mesa	凡
17	凵	2	qū	Boca abierta, envase	凶出函
18	刀 (刂)	2	dāo	Cuchillo, espada	刀分切初利刻 则前

NO.	RAIZ (VARIANTES)	TRAZOS	PINYIN	SIGNIFICADO	EJEMPLOS
19	力	2	lì	Poder, fuerza	力加助勉
20	勹	2	bāo	Envolver, abrazo	勾包
21	匕	2	bǐ	Cuchara	化北
22	匚	2	fāng	Caja	匣
23	匸	2	xǐ	Escondrijo, recinto	匹区
24	十	2	shí	Diez, completo	十午半博
25	卜	2	bǔ	Adivinación	占卦
26	卩	2	jié	Sello	印危卵
27	厂	2	hàn, chǎng	Barranca	厚原
28	厶	2	sī	Privado	去参
29	又	2	yòu	Otra vez	友反取受
30	口	3	kǒu	Boca, abertura	口古可名君否吴告周味命和哲唐善器
31	囗	3	wéi	Cercamiento	四回国图
32	土	3	tǔ	Tierra	土在地型城场壁压
33	士	3	shì	Académico, soltero	士壹
34	夂	3	zhǐ	Ir	(夂)
35	夊	3	suī	Ir despacio	夏
36	夕	3	xī	Anochecer, puesta del sol	夕外多夜
37	大	3	dà	Grande, muy	大天奈奥
38	女	3	nǔ	Mujer, hembra	女好妄妻姊始姓姬
39	子	3	zǐ	Niño, semilla	子孔字学
40	宀	3	mián	Techo	守家寒实
41	寸	3	cùn	Pulgar, pulgada	寸寺尊将
42	小	3	xiǎo	Pequeño, insignificante	小少
43	尢, 尣	3	wāng	Cojear	就
44	尸	3	shī	Cadáver	尺局
45	屮	3	chè	Brote	屯
46	山	3	shān	Montaña	山冈岩岛

NO.	RAIZ (VARIANTES)	TRAZOS	PINYIN	SIGNIFICADO	EJEMPLOS
47	巛 (川, 巜)	3	chuān	Río	川 州 巡
48	工	3	gōng	Trabajo	工 左 巫 差
49	己 巳 巳 巳	3	jǐ	Uno mismo	己 巳
50	巾	3	jīn	Turbante, bufanda	市 布 帝 常
51	干	3	gān	Seco	平 年
52	幺	3	yāo	Corto, pequeño	幻 幼
53	广	3	guǎng	Techo inclinado, ancho, amplio	序 店 府 度 座 庭 广 厅
54	廴	3	yín	Paso largo	延
55	廾	3	gǒng	Dos manos, veinte	弁
56	弋	3	yì	Disparar, flecha	式 弑
57	弓	3	gōng	Arco	弓 引 弟 弱 弥
58	彐 (彑)	3	jì	Nariz del cerdo	彖
59	彡	3	shān	Barba, cerda	形 彦
60	彳	3	chì	Paso	役 彼 后 得 德 徽
61	心 (忄 㣺)	4	xīn	Corazón	必 忙 忌 性 恶 情 想
62	戈	4	gē	Lanza, jabalina	成 式 弎 戦
63	戶, 户, 戸	4	hù	Puerta, casa	戶 戻 所
64	手 (扌 手)	4	shǒu	Mano	手 持 挂 挙 拜 拳 掌 擘 举 (打 批 技 抱 押)
65	支	4	zhī	Rama	竧 攲
66	攴 (攵)	4	pū	Envolver	收 叙 数 戮
67	文	4	wén	Escritura, literatura	文 斈 学 斌 斐 斑 斓
68	斗	4	dǒu	Cucharón	料 斡
69	斤	4	jīn	Hacha	所 斧 新 斥 斩 断
70	方	4	fāng	Cuadrado	方 放 旅 族
71	无	4	wú	NO	无 旡 既 旤

NO.	RAIZ (VARIANTES)	TRAZOS	PINYIN	SIGNIFICADO	EJEMPLOS
72	日	4	rì	Sol, día	日白百明的映时晚
73	曰	4	yuē	Decir	书最晋曷曹曾
74	月	4	yuè	Luna, mes	有服青朝
75	木	4	mù	Árbol	木杢板相根森楽机末本杉林
76	欠	4	qiàn	Faltar, bostezar	欣钦欧欲歌
77	止	4	zhǐ	Detenerse	正步此步武歪岁
78	歹 (歺)	4	dǎi	Muerte, decaer	死列殡
79	殳	4	shū	Arma, lanza	役投殴殷
80	毋(母)	4	wú	Madre, no	毋母每姆梅
81	比	4	bǐ	Comparar, competir	皆批毕毖毗毚
82	毛	4	máo	Piel (animal), pelo	尾毡耗毫氅耗
83	氏	4	shì	Clan	氏民纸婚氓
84	气	4	qì	Vapor, aliento	氘汽氧
85	水 (氵,氺)	4	shuǐ	Agua	水永泳决治海演汉瀬
86	火 (灬)	4	huǒ	Fuego	火灯毯爆 (烈烹焦然煮)
87	爪 (爫)	4	zhǎo	Garra	爬爯争爱为
88	父	4	fù	Padre	斧釜
89	爻	4	yáo	Trenzar, entrelazar, mezclar	俎爽尔
90	爿	4	qiáng	Partir madera	床奘牒
91	片	4	piàn	Tajada, rodaja	版牌牒
92	牙	4	yá	Colmillo	芽呀穿
93	牛 (牜)	4	niú	Vaca	告牟牧物特解
94	犬 (犭)	4	quǎn	Perro	犬犯狂狙狗献獣

NO.	RAIZ (VARIANTES)	TRAZOS	PINYIN	SIGNIFICADO	EJEMPLOS
95	玄	5	xuán	Oscuro, profundo	弦兹
96	[玉] 王 (王)	5	yù (wáng)	Jade, (rey)	王 玉 主 弄 皇 理 差 圣
97	瓜	5	guā	Melón	呱 瓞
98	瓦	5	wǎ	Baldosa	瓧 瓮 甄
99	甘	5	gān	Dulce	柑 甜 酣
100	生	5	shēng	Vida	牲 笙 甥
101	用 (甩)	5	yòng	Usar	佣 甫 宁
102	田	5	tián	Terreno	田 町 思 留 略 番
103	疋 (正)	5	pǐ	Rollo de tela	疏 楚 胥 延
104	疒	5	chuáng	Enfermedad	病 症 痛 癌 癣
105	癶	5	bō	Tienda punteada	発 登
106	白	5	bái	Blanco	兇 的 皆 皇
107	皮	5	pí	Piel	披 彼 波
108	皿	5	mǐn	Plato	盂 盃 盍 监 蘯
109	目	5	mù	Ojo	目 见 具 省 眠 眼 观 覧
110	矛	5	máo	Lanza	茅 矜
111	矢	5	shǐ	Flecha	医 族 矩
112	石	5	shí	Piedra	石 岩 砂 破 碑 碧
113	示 (礻)	5	shì	Espíritu, antepasado	示 礼 社 奈 神 祭 视 禁 福
114	内	5	róu	Rastro, huella	禹 禺 禽
115	禾	5	hé	Grano	利 私 季 和 科 香 秦 谷
116	穴	5	xué	Cueva	空 突 宵 窖 窝 窦 窦
117	立	5	lì	De pie, erecto	立 音 产 竖 意 新 端 亲 竞
118	竹 (⺮)	6	zhú	Bambú	竺 笑 第 等 简
119	米	6	mǐ	Arroz	料 断 奥 糊 麟
120	[糸] 纟 (纟)	6	sī	Seda	系 级 纸 素 细 组 终 绘 紫

NO.	RAIZ (VARIANTES)	TRAZOS	PINYIN	SIGNIFICADO	EJEMPLOS
121	缶	6	fǒu	Jarro	缶 缸 窑 陶
122	网 (罒 罒, 冈 , 冖)	6	wǎng	Red	买 罪 置 罗
123	羊 (羌)	6	yáng	Oveja	着 羚 翔 着
124	羽	6	yǔ	Pluma	习 翀 翁 翔
125	老 (耂)	6	lǎo	Viejo	耆 孝 耋
126	而	6	ér	Y, pero	耎 耐 耑
127	耒	6	lěi	Arado	籽 耝 耦 耰
128	耳	6	ěr	Oreja	取 闻 职 丛
129	聿 (聿)	6	yù	Pincel	律 书 建
130	肉 (月)	6	ròu	Carne	肉 肖 股 胃 胱 脈
131	臣	6	chén	Ministro, oficial	卧 宦 藏
132	自	6	zì	Uno mismo	自 臮 臬 臲
133	至	6	zhì	Llegar	致 铚 台
134	臼	6	jiù	Mortero	柏 舅 舂 鼠 插
135	舌	6	shé	Lengua	乱 适 话 舍
136	舛	6	chuǎn	Opuesto	舛 舜 舞
137	舟	6	zhōu	Barco	航 船 舰
138	艮	6	gēn	Detener	良 饮 很
139	色	6	sè	Color, belleza	色 艳 艳
140	艸 (艹)	6	cǎo	Hierba	共 花 英 苦 草 茶 落 幕 靴 鞄 薬
141	虍	6	hǔ	Tigre	虎 虐 彪 虒
142	虫	6	chóng	Insecto	蚯 蚓 强 触 蚁 蟹
143	血	6	xuè	Sangre	溢 盍 衃 众
144	行	6	xíng	Ir, hacer	行 衍 术 冲
145	衣 (衤)	6	yī	Ropa	衣 初 被 装 裁 复
146	西 (西, 覀)	6	xī	Oeste	西 要 羁

NO.	RAIZ (VARIANTES)	TRAZOS	PINYIN	SIGNIFICADO	EJEMPLOS
147	[見]见	7	jiàn	Ver	规 亲 觉 观
148	角	7	jiǎo	Cuerno	觚 解 粗 觥 触
149	[言] 讠 (訁)	7	yán	Habla, lenguaje	誹 訊 诏 评 詞 諮 试 謦
150	谷	7	gǔ	Valle	溪 磎 硲
151	豆	7	dòu	Frijol, grano	岂 丰 竖
152	豕	7	shǐ	Cerdo	豖 豚 象
153	豸	7	zhì	Gato, tejón	豹 貌 猫 豺 貉
154	[貝]贝	7	bèi	Caparazón, concha	财 贼 赐 赣 贫 货 贯 贸
155	赤	7	chì	Rojo, desnudo	赫 赭
156	走 (赱)	7	zǒu	Correr	赴 起 超
157	足(⻊)	7	zú	Pie	跑 跨 跟 跪 路
158	身	7	shēn	Cuerpo	躬 躲 躯
159	[車]车	7	chē	Carro, coche	轨 软 较 军 载
160	辛	7	xīn	Amargo	辜 辟 辣 办 辨
161	辰	7	chén	Mañana	辱 农
162	辵 (辶, 辶, 辶)	7	chuò/ zouzhi	Caminar	巡 迎 通 追 逃 辶 迎 进
163	邑 (阝)	7	yì	Pueblo (阝 derecho)	那 邦 郎 部 郭 都 乡
164	酉	7	yǒu	Vino, alcohol	醉 酱 油 醒 酸
165	釆	7	biàn	Dividir, distinguir, escoger	釉 释
166	里	7	lǐ	Villa, kilómetro	野 野
167	金 (釒 钅)	8	jīn	Metal, oro	银 铜 钉 锐 铿 锗 鉎 铋 钳 钟 毁
168	[長]长 (镸)	8	cháng	Largo, crecer	镸 镺
169	[門]门	8	mén	Portal	间 闲 关 闘 闭 开 闰 间 关
170	阜 (阝)	8	fù	Montículo, terraplén, (阝 izquierda)	阪 防 阻 陆 陉 院 险 陈

NO.	RAIZ (VARIANTES)	TRAZOS	PINYIN	SIGNIFICADO	EJEMPLOS
171	隶	8	lì	Esclavo, capturar	隶 崔
172	隹	8	zhuī	Ave pequeña	雀 集 雁 难 崔 雅
173	雨	8	yǔ	Lluvia	雾 霜 雪 霸 雪 云 雾
174	青, 靑	8	qīng	Azul	靖 靖 静
175	非	8	fēi	Error	靠 靠 靟
176	面 (面)	9	miàn	Cara	䩄 靨
177	革	9	gé	Cuero, cuero crudo	靴 鞍 鞅 鞍 鞭
178	[韋]韦	9	wéi	Cuero curtido	韦 韩 韬
179	韭	9	jiǔ	Puerro	韱 韲
180	音	9	yīn	Sonido	韶 韵 馨
181	[頁]页	9	yè	Hoja	顷 项 顺 须 领 头 颃 顶
182	[風]风	9	fēng	Viento	台 飘 飙 飚 颿
183	[飛]飞	9	fēi	Volar	翻 飝
184	食 ([飠]饣)	9	shí	Comer, comida	饭 饮 饿 余 餐 养
185	首	9	shǒu	Cabeza	馗 馘
186	香	9	xiāng	Fragancia	馨 馫
187	[馬]马	10	mǎ	Caballo	冯 驯 驰 驻 惊
188	骨	10	gǔ	Hueso	骼 脏 髀 骿 骾
189	[高]高	10	gāo	Alto	髋 髜
190	髟	10	biāo	Cabello largo	发 须 松 胡 髦
191	[鬥]斗	10	dòu	Pelear	闹 鬪
192	鬯	10	chàng	Hierbas, vino para sacrificios	鬱 郁
193	鬲	10	lì	Trípode, calderón	鬴 鬹 鬸
194	鬼	10	guǐ	Fantasma, demonio	魂 魁 魃 魄
195	鱼	11	yú	Pescado	鲤 鲍 鲂 鱿 鲗 鱿 虹 鲀
196	[鳥]鸟	11	niǎo	Pájaro, ave	鳾 鸡 鸦 凤 鸣 瑪 鸡 鸣 鸿 鸳
197	[鹵]卤	11	lǔ	Sal	咸 碱 盐

NO.	RAIZ (VARIANTES)	TRAZOS	PINYIN	SIGNIFICADO	EJEMPLOS
198	鹿	11	lù	Venado	尘 麂 麇 麗 麟
199	[麥]麦	11	mài	Trigo	鞠 面 麱 麨 麵
200	麻	11	má	Cáñamo, lino	么 魔
201	黄	12	huáng	Amarillo	黇 黌
202	黍	12	shǔ	Mijo	黏 黎
203	黑	12	hēi	Negro	点 黛 黱 党
204	黹	12	zhǐ	Bordado, costura	黼 黻
205	[黽]黾	13	mǐn	Rana, anfibio	鳖 鼋 鼍
206	鼎	13	dǐng	Trípode	鼏 鼐
207	鼓	13	gǔ	Tambor	鼗 鼛
208	鼠	13	shǔ	Rata, ratón	鼢 鼩 鼢
209	鼻	14	bí	Nariz	鼽 鼽 鼾
210	[齊]齐	14	qí	Plano, uniforme	斋 斎 斋
211	[齒]齿	15	chǐ	Diente, muela	龄 龅 龂
212	[龍]龙	16	lóng	Dragón	龑 龘
213	[龜]龟	16	guī	Tortuga	龝
214	龠	17	yuè	Flauta	龢 龤

Tabla 16 : Lista de las 214 raíces de Kangxi

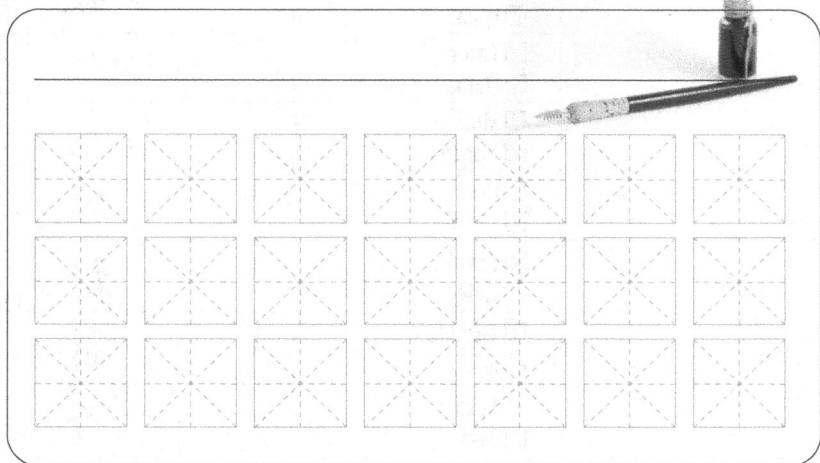

CLAVE DE RESPUESTAS DEL EXAMEN 1

Clave de respuestas para la "Lección 2: Examen 1" de la pagina 30

#	RAIZ	SIGNIFICADO	EJEMPLOS
1		☐ Comida ☑ Hombre	从
2		☑ Mano ☐ Insecto	打
3		☐ Luna ☑ Sol	明
4		☑ Carne ☐ Mesa	肺
5		☑ Madera ☐ Carne	相
6		☐ Hielo ☑ Agua	泳
7		☐ Luz ☑ Fuego	灯
8		☑ Enfermedad ☐ Envase	病
9		☑ Ojo ☐ Luna	眼
10		☑ Carne ☐ Flama	朕
11		☐ Música ☑ Insecto	蛇
12		☐ Flor ☑ Hielo	冰
13		☑ Lengua ☐ Viaje	讲
14		☑ Cuchillo ☐ Techo	召
15		☑ Boca ☐ Casa	否

CLAVE DE RESPUESTAS DEL EXAMEN 2

Clave de respuestas para la "Lección 8: Examen 1" de la pagina 106
Nota: Para las respuestas del Nº1 al Nº 15, véase la tabla "Clave de
Respuestas 1" en la pagina 169.

#	RAIZ	SIGNIFICADO	EJEMPLOS
16		☐ Madera ☑ Animal	犸
17		☐ Agua ☑ Lenguaje	讯
18		☑ Animal ☐ Raíz	羚
19		☑ Pescado ☐ Lenguaje	鲐
20		☑ Planta ☐ Casa	花
21		☐ Animal ☑ Pelo	彪
22		☐ Árbol ☑ Animal	驼
23		☑ Enfermedad ☐ Clima	痳
24		☑ Ojo ☐ Comida	盲
25		☑ Animal ☐ Tela	狍
26		☑ Animal ☐ Flor	牡
27		☑ Terreno ☐ Hielo	男
28		☑ Techo ☐ Instrumento musical	官
29		☐ Liquido ☑ Puerta	闯
30		☑ Techo ☐ Bailarín	家

Discovery
Publisher

Ediciones **Discovery** es una editorial multimedia
cuya misión es inspirar y apoyar la transformación
personal, el crecimiento espiritual y el despertar. Con
cada título, nos esforzamos en preservar la sabiduría
esencial del autor, del instructor espiritual, del pensador,
del sanador y del artista visionario.